Second Edition

Composición práctica

Trinidad González
Joseph Farrell

California State Polytechnic University, Pomona

JOHN WILEY & SONS
New York • Chichester • Weinheim • Brisbane • Singapore • Toronto

ACQUISITIONS EDITOR Lyn McLean
MARKETING MANAGER Carlise Paulson
SENIOR PRODUCTION EDITOR Kelly Tavares
COVER DESIGNER Harry Nolan
TEXT DESIGNER Nancy Field
PHOTO EDITOR Lisa Gee
ILLUSTRATION EDITOR Anna Melhorn

This book was set in New Baskerville by UG and printed and bound by Donnelley/Willard. The cover was printed by Phoenix.

This book is printed on acid-free paper.

Library of Congress Cataloging in Publication Data:
González, Trinidad.
Composición práctica / Trinidad González, Joseph Farrell. —2nd ed.
p. cm.
Spanish and English.
Includes index.
ISBN 0-471-23969-0 (pbk. : alk. paper)
1. Spanish language—Composition and exercises. 2. Spanish language—Textbooks for foreign speakers—English. I. Farrell. Joseph (Joseph R.) II. Title.
PC4420.G56 1999
808'.0461—dc21 98-39511
CIP

Printed in the United States of America

10 9 8 7 6 5 4 3 2 1

To the student

YOU CAN LEARN TO WRITE WELL IN SPANISH!

For an extremely fortunate small minority, good writing may be a natural gift, an innate endowment; unfortunately, however, the great majority of us were not born with such a talent. Nevertheless, we can all **learn** to write well—to write clearly, simply, and effectively. In order to develop good writing skills, we must practice and perfect certain important techniques. The purpose of ***Composición práctica*** is to provide the essentials you will need in learning to communicate well in written Spanish.

Our focus is on the building of **practical writing skills**, skills that will enable you to produce the kinds of writing you will very likely need in your everyday social or professional lives in our increasingly bilingual world. ***Composición práctica*** will help you to function and communicate effectively in Spanish.

Language teachers have learned that the more exposure students have to the foreign language they are studying, the better and faster they learn it. Consequently, we have written this textbook primarily in Spanish and at a level used by educated writers. For your convenience, we have included in each chapter a list of vocabulary words that you are unlikely to know. However, this list is just a point of departure, and you should expect to look up some words in the dictionary.

We include throughout the text, well-written models to demonstrate the particular writing techniques that you will integrate into your own style. Simply reading many examples of good writing—examples from a variety of styles, genres, and epochs—will not teach you how to write well; but if you read enough of such examples you will eventually acquire an appreciation of good writing. However, being able to appreciate something is not the same as being able to do it.

In order to write well you have to write! Just as in acquiring and perfecting any other skill, it is necessary to practice if you are to become proficient and successful in writing. Thomas Wolfe, for example, once confessed that he had to write a million words before he achieved his ultimate style. So, while we do encourage you to read and to recognize in the works you read all the concepts that this book presents, the emphasis in the lessons is always on practicing your writing skills actively and repeatedly.

The message, then, is clear: with a little patience, some determination, and a lot of practice, you can indeed learn to write well in Spanish.

A FINAL WORD

Most of your coursework in Spanish up to now has probably concentrated on the study of grammatical structures and oral communication. However, if you plan to continue to use Spanish either in more advanced university courses or after graduation in your personal relationships or professional life, you will need to develop your written communication skills. That is precisely our reason for writing ***Composición práctica***. We **know** that it works, and we know that you **can learn to write successfully in Spanish**!

Trinidad González
Joseph Farrell

Acknowledgments

We are grateful to Lyn McLean, Foreign Language Editor at John Wiley & Sons, for her support. We also had the good fortune to have worked with an outstanding Developmental Editor, Madela Ezcurra, whose insightful observations, knowledge, and constant encouragement were instrumental in greatly improving our work. For their conscientious work on this book we are appreciative and indebted to Harriet C. Dishman, Copyeditor; Kelly Tavares, Senior Production Editor; and Lisa Gee, Associate Photo Editor, all of John Wiley & Sons. We also wish to thank our colleagues who used the first edition of ***Composición práctica*** for their patronage, encouragement, and suggestions—many of which have been incorporated into the second edition.

Trinidad González
Joseph Farrell

Preface

The success of the first edition of ***Composición práctica*** and all the positive feedback from users led to the development of this improved and expanded second edition.

FEATURES NEW TO THIS EDITION

- revised and updated vocabulary
- an annotated list of Spanish-Spanish and bilingual dictionaries
- exercises that encourage students to use the Internet
- revised and expanded grammar sections
- new and revised reading selections
- marginal call-out notes to promote the correct use of prepositions
- guidelines for writing research papers
- a new appendix on documentation and bibliography
- new photographs, art, and realia

BASIC STRUCTURE OF THE TEXT

Composición práctica consists of one introductory lesson, twelve chapters, and six appendices. The introductory lesson covers the use of the dictionary, an indispensable tool students need to use to develop their own vocabulary for each chapter. The first five appendices address syllabification and diphthongs, stress and written accent, capitalization, punctuation, and documentation and bibliography for a research paper. Instructors may work with these materials in class or require students to review the information outside of class. The sixth appendix is a correction key that explains the symbols instructors may use in correcting students' work.

The twelve regular chapters are organized to take students from the level of simple sentence formation to the level of organized and complex essay and research paper writing. Chapters 1 and 2 stress the different types of sentence structure—simple, compound, and complex. They are designed to help students avoid writing overly simple, monotonous sentences and to provide a solid foundation upon which to build written compositions. They also help students understand and use punctuation rules.

Chapter 3 teaches students to develop a topic sentence into an effective paragraph, and in Chapter 4 students learn techniques for revising paragraphs to make them as clear, precise, and logical as possible.

Chapter 5 deals with advertising. This topic was included not only because some students may need to apply these writing skills while employed in business or industry, but also because it teaches students the use of precise lexical selection to create an effect, to motivate, or to convince.

In Chapter 6 students learn how to write a summary. Chapter 7 teaches students to write and respond to invitations and short personal notes. In Chapters 8 and 9 (personal and business letters, respectively) students study the kinds of writing they would be expected to produce if they were to take a position with an organization with ties to Spanish-speaking countries, or if they simply wanted to maintain cordial social or business relations with Spanish-speaking friends or acquaintances. These are skills students will use for the rest of their lives.

Chapter 10 teaches the techniques of narrative writing, and Chapter 11 focuses on descriptive writing. Finally, Chapter 12 teaches students to combine the techniques they have learned in previous chapters to develop a thesis into an effective expository essay, and it presents guidelines for writing a research paper.

Available to instructors upon request is an Instructor's Manual containing a number of items to aid instructors who are teaching with ***Composición práctica***. This manual contains a description of the authors' teaching philosophy and goals, an explanation of their assumptions about writing and how they form the basis of the text, suggestions for integrating the text into various types of Spanish courses, chapter-by-chapter teaching tips, and answers to all single-response exercises.

ORGANIZATION OF THE CHAPTERS

Each chapter consists of the following sections:

- *Objectives*—identifies the specific type of writing taught in the chapter.
- *Para hablar del tema*—provides a brief list of useful vocabulary related to both the chapter theme (*la familia, la rutina diaria,* etc.) and to its specific writing focus (memo, personal letter, etc.) Meant to serve as a starting point, this list is supplemented by activities that encourage students to develop their own additional, personalized vocabulary.
- *Análisis*—introduces and explains the chapter's specific writing topic. It analyzes writing samples and details the process involved in completing the particular writing task described.
- *Para escribir mejor*—provides an authentic writing model followed by short prewriting activities that prepare students for the chapter's writing task.
- *Estructuras en acción*—focuses on one grammar point that is **specifically related to the chapter's writing task.** For example, **preterite versus imperfect** appears in the chapter dealing with narration; **adjective position** is discussed in the chapter on description, and so on. ***Composición práctica*** does not pretend to offer a comprehensive grammar review.

- *Manos a la obra*—allows students to apply what they have learned in the previous sections to produce a finished piece of writing.
- *Para los internautas*—affords students an opportunity to work with the expanding resources of the Internet.
- *Querido diario*—encourages students to keep a record of their progress and to write about their lives as well.

COMMENTS AND QUESTIONS

We would enjoy hearing other teachers' and instructors' reactions to this second edition of ***Composición práctica*** and how it works in their classrooms. If you have any questions or comments about this text, please address them to us c/o John Wiley & Sons, Inc., 605 Third Avenue, New York, NY 10158-0012.

Trinidad González
Joseph Farrell

Credits

TEXT AND REALIA CREDITS

Page 21 Pamphlet reprinted courtesy of Mission Branch, San Francisco Public Library (funded by a grant from the California State Library); **page 26** Advertisement reprinted courtesy of CETYS University, Mexicali, Mexico; **page 39** "El divorcio, transición sin pelea," (adaptation) from *Más,* May–June, 1992, courtesy of The Univision Network Limited Partnership; **page 68** "Ciclo de energía"(adaptation) from *Cosmopólitan en español,* Año 19, No. 8, reprinted with permission of Editorial América, S.A. d/b/a Editorial Televisa; **page 76** "La dieta y el supermercado" (adaptation) from *Cosmopólitan en español,* Año 20, No. 6, reprinted with permission of Editorial América, S.A. d/b/a Editorial Televisa; **page 88** "La Framboise" (adaptation) by Elly Levy. Reprinted courtesy of Miami Mensual Monthly Magazine; **page 90** Front cover, "Cosina sabrosa en pocos minutos" *Vanidades Continental,* No. 10, reprinted with permission of Editorial América, S.A. d/b/a Editorial Televisa; **page 93** Advertisement © Sunbeam Corporation, reprinted with permission. Oster® and Sunbeam® are registered trademarks of the Sunbeam Corporation; **page 95** Reprinted courtesy of Sony Electronics, Inc.; **page 104** Advertisement © The Procter & Gamble Company, reprinted with permission; **page 105** Advertisement © Goya Foods, reprinted with permission; **page 106** C/B Productions/ The Stock Market; **page 112** "Entrevista con Fernando Botero" reprinted from *Américas,* bimonthly magazine published by the Organization of American States in English and Spanish; **page 117** "Más cerca de Cristina Saralegui" (adaptation) by Diana Montané, from *Más,* July–Aug. 1991, reprinted with permission of The Univision Network Limited Partnership; **page 135** "Nuevo furor con ritmo latino" reprinted from *Américas,* bimonthly magazine published by the Organization of American States in English and Spanish; **page 142** "Las postales de felicitación," from *Vanidades Continental,* Año 32, No. 11, reprinted with permission of Editorial América, S.A. d/b/a Editorial Televisa; **page 144** "¿Qué sabes de cuidades?" from *Vanidades Continental,* Año 31, No. 13, reprinted with permission of Editorial América, S.A. d/b/a Editorial Televisa; **page 167** "Un baño en la Presa" by Magón (Manuel González Zeledón), reprinted from *Cuentos/Magón,* Editorial Costa Rica, 1980; **page 207** "El enfrentamiento," by Ann-Marie Trudeau, reprinted with permission of the author; **page 225** "El agua y la ciudad de México" (adaptation) from "El agua, cada vez más lejos de la Zona Metropolitana," by María Isabel Melchor

Sánchez, Factor Financiero, Año 1, No. 16, November 1992, reprinted courtesy of *El Financiero;* **page 229** "Calor que empobrece," by Katiana Murillo, *La Nación,* sección B, September 1992, reprinted courtesy of *La Nación* (San José, Costa Rica); **page 243** "El mundo de Frida Kahlo," reprinted from *Américas,* bimonthly magazine published by the Organization of American States in English and Spanish; **page 251** "Los hitos del modernismo," reprinted from *Américas,* bimonthly magazine published by the Organization of American States in English and Spanish.

PHOTO CREDITS

Title Page—Preliminary Page: Peter Menzel
Chapter 1—Page 9: Ulrike Welsch Photography.
Chapter 2—Page 31: Ted McCarthy/The Stock Market. **Page 39:** Michael Keller/FPG International. **Page 47:** Paul Barton/The Stock Market.
Chapter 3—Page 53: Stuart Cohen/Comstock, Inc.
Chapter 4—Page 73: Barbara Alper/Stock, Boston. **Page 88:** Peter Menzel/Stock, Boston.
Chapter 5—Page 92: Nancy D'Antonio. **Page 106:** C/B Productions/The Stock Market.
Chapter 6—Page 111: Rogers/Monkmeyer Press Photo. **Page 113:** © Fernando Botero, "Nina", 1981, courtesy Marlborough Gallery, NY. **Page 117:** Andrea Renault/Globe Photos, Inc.
Chapter 7—Page 133: Bob Daemmrich/Stock, Boston. **Page 135:** Macduff Everton/The Image Works. **Page 144** (top, left): © Stuart Cohen Photographer. **Page 144** (bottom, left): Topham/The Image Works.
Chapter 8—Page 159: Stuart Cohen/Comstock, Inc.
Chapter 9—Page 181: Paul Barton/The Stock Market.
Chapter 10—Page 205: Margaret Thompson/The Picture Cube.
Chapter 11—Page 223: Steven Rubin/The Image Works. **Page 225:** Peter Menzel. **Page 237:** A. Ramey/Stock, Boston.
Chapter 12—Page 241: Alfredo Ramos Martinez, "Casamiento Indio", circa 1930, private collection, Mexico; courtesy Louis Stern Fine Arts. **Page 243:** Frida Kahlo, "Autorretrato con el pelo suelto", courtesy Archivo Cenidiap. Reproduced with permission of Banco De Mexico. **Page 251:** Wilfredo Lam, "The Jungle," 1943, Courtesy Museum of Modern Art, New York.

Contenido

Capítulo 5
¡Un buen anuncio publicitario! 93

Capítulo 6
El reportaje a su alcance 111

Capítulo 7
Las diversiones, los pasatiempos y los compromisos sociales 133

Appendices 261

Lección preliminar

► The Dictionary

ABOUT DICTIONARIES

Dictionaries are invaluable and indispensable not only in composition classes but also in daily life. This lesson will help you to use dictionaries effectively and efficiently.

There are several types of dictionaries available in bookstores and libraries: bilingual (Spanish-English/English-Spanish), Spanish-language, etymological, of synonyms (thesaurus), etc. A Spanish thesaurus, which will help you to avoid repetition of the same word, is highly recommended. However, when writing in Spanish it is **absolutely essential** to have at least two dictionaries: one Spanish-language and one bilingual. A bilingual dictionary will help you find words that you do not know in Spanish, and a Spanish-language dictionary will help you choose the word that best represents the meaning you want to convey.

Dictionaries vary widely in quality, purpose, and price. Some are geared to commercial or technical fields (medicine, business, law, etc.); others tend to be stronger in areas such as the arts or literature, while still others are more appropriate for general use. The list of dictionaries at the end of this chapter, while not exhaustive, provides a representative sample of the variety of works currently available to writers of Spanish. Since these reference tools are so important, you should consult your professor before you purchase them in order to learn which texts are best suited for a specific class's needs.

How to use your dictionary

Even students with considerable knowledge of a foreign language often assume that the first word a dictionary gives is perfectly adequate to express the thought they have in mind. This assumption is naive, and all too often using the first word the dictionary lists results in poor word choices, which can lead to compositions that are imprecise, unclear, and sometimes difficult or even impossible to understand.

You should take the following steps to find the equivalent of an English word you don't know in Spanish. Suppose that you need to express the word **pawn**. There are several things you must consider. First, this word has several meanings in English:

1. a piece in a chess game
2. a person or entity used to further the purposes of another
3. something given in security
4. a hostage
5. the act of pawning
6. to risk
7. to give as security for payment

Which of these ideas is the closest equivalent to the thought you want to express? Suppose that the English sentence is "I pawned my watch." Look up the word **pawn** in the English-Spanish section of your bilingual dictionary. First of all, you must determine whether you are looking for a verb or a noun. In this case it's a verb; therefore, you go to the section that appears under the abbreviation *v.* (*verbo*). There you find the infinitive *empeñar* and the phrase *dejar en prenda.*

The next step is to verify whether these two translations are equivalent or not. Generally there are differences, whether slight or significant. At this point you should consult your Spanish-language dictionary. Based on the definitions of each term that you find there, you can then select the appropriate word. Some of the meanings you will find for *empeñar* are:

1. *dar o dejar una cosa en prenda*
2. *poner a uno por medianero*
3. *llenarse de deudas*
4. *insistir con fuerza*

In this case the first meaning solves the problem: both translations (*empeñar* and *dejar en prenda*) are equivalent. Therefore, the Spanish sentence can be either *Empeñé mi reloj* or *Dejé mi reloj en prenda.*

Unfortunately, the procedure is not always so simple. Sometimes the Spanish definitions are not sufficiently clear or discriminatory, or they may require you to look up other words in order to understand them. The process can become tedious and time-consuming, but it gets easier with practice, and the resultant precision and clarity of your writing are well worth the effort you invest. Consider, for example, the word **pawn** in a different context: "The pawn can move forward one square at a time." The function of the word has changed: it is now a noun associated with the game of chess. The dictionary lists several entries under the rubric *s.* (*sustantivo*):

1. *empeño*
2. *prenda*
3. *peón* (chess)

In this case the parentheses hold the key to the solution. The sentence can be expressed in Spanish as *El peón puede avanzar una casilla por jugada.*

The question of equivalency can be complicated. The remainder of this chapter looks at some of the most common problems and offers some strategies to help you resolve them.

Useful Dictionary Strategies

a) In English you can take a root word and modify its meaning by adding prepositions such as **off, back, on**, etc. Observe what happens with the English words **pay** and **pay off** (or **payoff**). As in the case of **pawn**, these two words can be used either as nouns or verbs. You cannot assume that Spanish will use a preposition to change the meaning of the root word, as is the case in English. On the contrary, the two concepts usually have two completely different forms in Spanish. Look at the following English meanings.

pay	to give money in exchange for goods or services to give an indicated amount to yield a return
payoff	to make the final of a series of payments a bribe

Now compare the words you would find in a bilingual dictionary.

pay	v. *pagar* (to remit), *costear* (to pay for), *ser provechoso* (to profit), *valer la pena* (to be worth) n. *pago* (payment), *paga* (payment), *sueldo* (salary), *recompensa* (reward)
payoff	v. *hacer el último pago* (to make the last payment), *sobornar* (to bribe) n. *arreglo* (arrangement), *pago* (payment), *soborno* (bribe), *cohecho* (bribe)

Obviously, the use of parentheses and abbreviations in dictionary definitions is extremely important. Pay close attention to them.

b) There is another way to determine if a word you find in the English-Spanish section of your bilingual dictionary is the best choice: look it up in the Spanish-English section and decide if it really has the meaning you want to convey. If you are still in doubt, then refer to your Spanish-language dictionary.

When two or more Spanish words have very similar meanings it is necessary to determine if they are truly synonyms. Perhaps one word is more appropriately used in a colloquial context while a different form has a more erudite or literary tone. Maybe the word you have found is used in Latin America but not in Spain, or vice versa. In other cases one language may have more words in a certain semantic area than the other language has, and the first language may create distinctions that cannot be translated from language to language with just one word. For example, to render the English noun **grin** into Spanish you must use a phrase such as *sonrisa burlona o maliciosa.*

c) Idiomatic expressions present yet another translation problem that can have serious implications in your writing. These are expressions whose overall meaning is not predictable from the usual, normal meaning of each of their component elements (**to kick the bucket, to hit the ceiling**, etc.). In most cases these expressions cannot be translated literally from one language into the other. For example, suppose you want to give the Spanish equivalent of the English sentence **Mark my words**! If you select one of the first options presented in the English-Spanish section of your bilingual dictionary and write *Marque mis palabras*, you have indeed translated the sentence literally into Spanish, but have not conveyed the **idea** or particular idiomatic sense of the English sentence. A small, very limited dictionary will not help you in these cases. A larger, more complete work will often prove more effective. If you explore all the possibilities you will probably find a close equivalent, such as *¡Advierte lo que te digo!* or *¡Recuerda mis palabras!* Always try to give the equivalent **sense** or **meaning** of the idiomatic expression rather than a literal translation of each individual word.

EXERCISES

A. Use your bilingual dictionary and your Spanish-language dictionary to supply information for each of the underlined words in the following sentences. Write

a. its equivalent Spanish word
b. the word's grammatical function (adjetivo, sustantivo, verbo, etc.)
c. the word's definition in Spanish

Example: They knocked the wall down.

a. derribar
b. verbo
c. echar a tierra paredes o edificios

1. He gave me an advance for my work.

a. ______________________________
b. ______________________________
c. ______________________________

2. Miguel always acts on impulse.

a. ______________________________
b. ______________________________
c. ______________________________

3. That doctor is a quack.

a. ______________________________
b. ______________________________
c. ______________________________

4. We could hear the quacking of the ducks.

a. ______________________________
b. ______________________________
c. ______________________________

5. That terrible food made me <u>gag</u>.

   a. ______________________________

   b. ______________________________

   c. ______________________________

6. Those <u>gags</u> were not very funny.

   a. ______________________________

   b. ______________________________

   c. ______________________________

B. The following groups of words are related and could appear together in a bilingual dictionary. Refer to your dictionaries to explain the different meaning of each Spanish word indicated.

Example: **head:** (a) *cabeza,* (b) *cabecera,* (c) *jefe*

a. *La cabeza es la parte superior de un animal.*
b. *La cabecera es la parte superior de la cama.*
c. *El jefe es el líder de un grupo.*

1. **wall:** (a) *pared,* (b) *muro,* (c) *muralla,* (d) *tapia,* (e) *tabique*

   a. ______________________________

   b. ______________________________

   c. ______________________________

   d. ______________________________

   e. ______________________________

2. **shower:** (a) *regadera,* (b) *ducha,* (c) *aguacero,* (d) *chubasco,* (e) *chaparrón*

   a. ______________________________

   b. ______________________________

   c. ______________________________

   d. ______________________________

   e. ______________________________

3. **skin:** (a) *cáscara,* (b) *piel,* (c) *cuero,* (d) *pellejo,* (e) *corteza*

   a. ______________________________

   b. ______________________________

   c. ______________________________

   d. ______________________________

   e. ______________________________

4. **screen:** (a) *pantalla,* (b) *biombo,* (c) *cedazo,* (d) *mampara*

a. ______

b. ______

c. ______

d. ______

5. **chair:** (a) *silla,* (b) *taburete,* (c) *cátedra,* (d) *sillón,* (e) *presidencia*

a. ______

b. ______

c. ______

d. ______

e. ______

C. Challenge! Form groups of three or four classmates. Your professor will ask each group to find a Spanish equivalent of <u>one</u> of the following idiomatic expressions.

1. He's over the hill!

______

2. She hit the ceiling!

______

3. I freaked!

______

4. Don't throw in the towel!

______

5. That's mixing apples and oranges!

______

6. I lost my cool!

______

7. The old man finally kicked the bucket!

______

PARA LOS INTERNAUTAS

WWW

Vaya a **http//www.wiley.com/college/composicion,** busque la página que corresponde a este capítulo y haga los ejercicios indicados.

SPANISH/SPANISH DICTIONARIES

1. *Diccionario de la lengua española,* Real Academia Española.
   The official dictionary of the Royal Academy of the Spanish Language. Also available in CD-ROM.

2. *Diccionario de uso del español,* Moliner, María.
   A grammatical encyclopedia and a very complete dictionary of synonyms, in 2 volumes.

3. *Pequeño Laroussse ilustrado en color,* García-Pelayo, R.
   An up-to-date dictionary that takes into account changes in vocabulary in Latin America and Spain.

4. *Diccionario escolar de la Real Academia Española.*
   Contains 33,000 words, examples of usage, color illustrations, and a grammar section.

5. *Diccionario de dudas y dificultades de la lengua española.*
   Offers specific applications by topic, a summary of basic grammar and verb conjugation, as well as spelling and punctuation guidelines.

6. *Diccionario etimológico español e hispano,* Lapesa, Rafael.
   Provides ample information on the origins of the Spanish lexicon.

7. *Espasa diccionario de sinónimos y antónimos.*
   Offers a very comprehensive list of synonyms and antonyms, which will allow the seeker to find the precise lexical item for each idea.

8. *Larousse: sinónimos/antónimos. Práctico.*
   A concise, practical dictionary for all students.

BILINGUAL DICTIONARIES

1. *Simon and Schuster International Spanish Dictionary.*
   A very complete and up-to-date dictionary.

2. *The Oxford Spanish Dictionary: Spanish-English/English-Spanish.*
   A very comprehensive and authoritative dictionary.

3. *The American Heritage Laroussse Spanish Dictionary.*
   A good bilingual dictionary with 120,000 words and phrases.

4. *Velázquez Spanish and English Dictionary.*
   A dictionary that includes maps, phonetic and pronunciation guides.

5. *Richmond Electronic Dictionary.*
   Contains 55,000 words and entries and 160,000 translations and examples of usage. A correspondence section also included. Windows 3.1 or higher; Macintosh, System 7.0 or higher.

6. *Cassells Colloquial Spanish. Spanish-English.*
   A handbook of Spanish idioms and expressions with English equivalents. Emphasis on false cognates and levels of meaning as well as of register.

Capítulo 1

La educación superior

Objectives

Upon completion of this chapter you should be able to:

- identify and create simple and compound sentences
- utilize appropriate vocabulary to write about higher education
- use direct and indirect object pronouns

Estudiantes universitarios de Madrid, España, escriben una composición en grupo.

► Para hablar del tema

VOCABULARIO ESENCIAL

Estudie las siguientes palabras y expresiones. Le pueden resultar útiles para entender el capítulo y escribir sobre la educación superior.

Sustantivos

la actividad ex-cátedra / la actividad extracurricular	*extracurricular activity*
el alumnado	*student body*
el (la) asesor(a) / consejero(a)	*advisor*
la asignatura	*course*
el (la) aspirante	*applicant*
el auditorio	*auditorium*
el aula (f.) / la sala de clase	*classroom*
la beca	*scholarship*
la biblioteca	*library*
el campus	*campus*
la cátedra	*professorship*
el (la) catedrático(a)	*university professor*
la ciudad universitaria	*campus*
el colegio / el liceo	*secondary school*
la conferencia	*lecture*
el cuatrimestre	*quarter*
los deportes	*sports*
el diploma	*diploma*
la escuela	*school (primary, secondary); division of a university*
la facultad	*school (division of a university)*
la inscripción	*registration*
la librería	*bookstore*
el (la) licenciado(a)	*a person holding the degree similar to a Master's*
la matrícula	*registration fee*
el periódico	*newspaper*
el plan de estudios	*curriculum*
el plazo de inscripción	*registration period*
la política estudiantil	*student politics*
el profesorado	*faculty*
el recinto universitario	*university*
la residencia estudiantil	*dormitory*
el semestre	*semester*
la solicitud	*application form*
el taller	*workshop*
el título	*degree*
el torneo	*tournament*
el trimestre	*trimester*
el (la) universitario(a)	*university student*

Verbos

impartir / dar clases	*to teach classes*
solicitar	*to apply*

A. Lea la siguiente información.

Master en periodismo UAM / EL PAÍS

La Fundación* Escuela de Periodismo **UAM / EL PAÍS** anuncia que el plazo de inscripción para las pruebas de acceso para el próximo curso (sexta promoción) de la Escuela de Periodismo **UAM / EL PAÍS** quedará abierto en el mes de octubre, en fechas que oportunamente se publicarán.

Los estudios seguidos en dicha Escuela permiten optar al título de 'Master en Periodismo'. Este título, de acuerdo con lo establecido en la Ley de Reforma Universitaria, tiene rango de título propio de la Universidad Autónoma de Madrid.

El número de plazas es limitado, y los aspirantes han de realizar una serie de pruebas selectivas. Se requiere ser licenciado en cualquier Facultad Universitaria, Escuela Técnica Superior o, en el caso de los extranjeros, poseer un título equivalente.

El curso, de un año de duración (de enero a diciembre), se imparte de lunes a viernes, de 10.00 a 14.30 y de 16.00 a 20.30 horas.

El Plan de Estudios comprende asignaturas teóricas y prácticas, de carácter básico o complementario, impartidas a lo largo de dos sesiones académicas cuatrimestrales. Para pasar al segundo cuatrimestre se exige un periodo de prácticas en algún medio informativo, nacional o extranjero.

A partir del 2 de septiembre, la Secretaría de la Escuela facilitará información más detallada. Los interesados deben dirigirse a la Escuela de Periodismo **UAM / EL PAÍS**, calle de Miguel Yuste, 40, 28037 Madrid. Tel. (91) 327 05 18.

Los Bonos de Ahorro de EEUU ahora están exentos de impuestos, si se usan para la educación universitaria.

U.S. Savings Bonds

The Great American Investments

Un servicio público de esta publicación.

rango...*equivalent (rank)*

B. Conteste las siguientes preguntas sobre la información anterior.

1. ¿Qué tipo de título ofrece la Fundación Escuela de Periodismo UAM / El País?

____

____

2. ¿Qué deben hacer los estudiantes que deseen participar en este programa?

____

____

3. ¿En qué consiste el plan de estudios?

____

____

4. ¿Cómo pueden obtener información los interesados?

____

____

5. ¿Qué ventaja ofrecen los bonos de ahorro de los EE.UU. para los padres de los futuros estudiantes universitarios?

____

____

6. ¿Cuál es el costo aproximado de una educación universitaria hoy en día? ¿Cuál será el costo en unos dieciocho años?

____

____

C. Ahora haga una lista de las palabras del Ejercicio A que usted no conocía. Añada otras expresiones que considere útiles para escribir sobre la educación superior. Si es necesario, busque su significado en el diccionario.

____________	____________	____________
____________	____________	____________
____________	____________	____________
____________	____________	____________
____________	____________	____________
____________	____________	____________
____________	____________	____________
____________	____________	____________
____________	____________	____________
____________	____________	____________

VOCABULARIO CLAVE

Las palabras de esta sección son de uso muy frecuente. Estúdielas y apréndalas. Le ayudarán en sus trabajos de redacción.

de acuerdo con *according to, in accordance with*

La petición está **de acuerdo con** lo establecido en la Ley de Reforma Universitaria.

a lo largo de *throughout*

Son asignaturas impartidas **a lo largo de** dos sesiones.

a partir de *from*

La inscripción se realizará **a partir de**l 2 de septiembre.

por eso *thus, consequently*

Los bonos están exentos de impuestos; **por eso** es bueno comprarlos.

Análisis de oraciones

La manera de clasificar las oraciones en inglés y en español es similar. En esta sección podrá repasar la oración en sus variantes, familiarizarse con la nomenclatura española y aprender a usar todo tipo de oración en sus trabajos. Además, un buen conocimiento de la oración y su estructura le ayudará a entender y a usar las reglas de la puntuación.

En su forma más básica, una oración es un grupo de palabras (o una palabra) que tiene por lo menos un **verbo independiente** y su **sujeto**. Afirma o declara, pregunta, pide o manda, o exclama algo.

Ejemplos: La educación universitaria es cara. (Afirma o declara.)
¡Qué cara es la educación universitaria! (Exclama.)
¿Es la educación universitaria cara? (Pregunta.)
Piense usted más en su educación. (Manda.)

La oración es una entidad completa en sí misma; posee sentido sin necesidad de comentario adicional. Se puede clasificar en tres categorías fundamentales: **la oración simple, la compuesta y la compleja**. En este capítulo se estudian los dos primeros tipos. En el siguiente capítulo, se analizará la oración compleja.

LA ORACIÓN SIMPLE

La oración simple es una sola cláusula independiente—un grupo de palabras que tiene un sujeto y un verbo y quizás uno o más modificantes—que no depende de ninguna información externa para ser completa. En su forma más sencilla, consiste en un sujeto y un verbo.

Ejemplo: Beatriz estudia.
(sujeto) (verbo)

Algunas veces la oración simple requiere un complemento para que su sentido sea claro. Hay varios tipos de complementos. Puede ser un **complemento directo**, el cual nombra al receptor de la acción del verbo.

Ejemplo: Los señores Sáenz compraron **bonos de ahorro**.
(complemento directo)

También puede ser un **complemento indirecto**, el cual nombra el sustantivo para el que (o a quien) se hace la acción del verbo. Es el recipiente de la acción.

Ejemplo:	La Dra. Núñez	**le** da consejos *(complemento indirecto, pronombre)*	**al aspirante**. *(complemento indirecto, sustantivo)*

A. Escriba en el espacio entre paréntesis la función de las palabras subrayadas (complemento directo, complemento indirecto, sujeto, etc.).

Ejemplo: El técnico integra las estrategias de desarrollo.
(complemento directo)

1. Los estudiantes de periodismo eligieron a Pilar presidenta del consejo estudiantil.

   (______________________________)

2. Le envió la solicitud al jefe del departamento.

   (______________________________)

3. Por lo general, los universitarios no son ricos.

   (______________________________)

4. El examen estuvo muy difícil.

   (______________________________)

LOS MODIFICANTES

La oración simple puede amplificarse con el uso de **modificantes**—palabras o frases que describen un sustantivo o un pronombre, o indican cuándo, dónde o cómo se realiza la acción. En su forma más sencilla el modificante es una sola palabra: un adjetivo (palabra que califica un sustantivo) o un adverbio (palabra que califica un verbo, un adjetivo u otro adverbio).

Ejemplos: Es un curso **difícil**. (adjetivo)
Lo explicó **claramente**. (adverbio)

Modificantes de más de una palabra pueden ser frases adjetivas, adverbiales o infinitivas. Observe los diferentes tipos de modificantes en las siguientes oraciones.

Ejemplos: Esos son los libros **del curso de química**. (frase adjetiva con preposición)

Los libros están **en el escritorio**. (frase adverbial con preposición)

Pensando en sus exámenes, Ramiro no durmió en toda la noche. (frase adverbial con gerundio: **-ndo**)

Terminada la conferencia, volvimos a casa. (frase adverbial con participio pasado: **-do, -da**)

Yo puedo **comprar los textos**. (frase infinitiva)

Deseamos **obtener el máster en periodismo**. (frase infinitiva)

B. Junto con otro(a) compañero(a), complete las siguientes frases u oraciones. Sigan las indicaciones entre paréntesis. Pueden usar los siguientes modificantes o crear los suyos.

- terminada la presentación
- construir un nuevo edificio
- revisando la composición
- excelente
- declararse en huelga
- completado el ejercicio
- en agronomía
- siguiendo los consejos de su profesora
- rápidamente
- de tenis

Ejemplo: En la escuela de ingeniería se confieren títulos... (frase preposicional) *en ingeniería aeroespacial.*

1. La universidad no ofrece cursos... (frase preposicional)

   ____

2. Es un asesor... (adjetivo)

   ____

3. La escuela de odontología necesita... (frase infinitiva)

   ____

4. El cuatrimestre se pasó... (adverbio)

   ____

5. (frase de participio pasado)..., los estudiantes le hicieron preguntas al conferenciante.

   ____

6. El alumnado piensa... (frase infinitiva)

   ____

7. (frase de gerundio)..., Elisa se matriculó en el curso de informática.

   ____

8. (frase de participio pasado)..., Evangelina se lo entregó (*turned it in*) a la profesora.

   ____

9. Tendremos un torneo... (frase preposicional)

   ____

10. (frase de gerundio)..., descubrió que necesitaba más ejemplos.

    ____

LA ORACIÓN COMPUESTA

Una oración compuesta es la unión de dos oraciones simples que tienen una estructura paralela o que están íntimamente relacionadas. Ésta es su característica más importante. Si no existe una relación, las oraciones deben aparecer en su forma simple. Es necesario distinguir entre una oración compuesta y una oración simple de sujeto compuesto o verbo compuesto: la oración compuesta tiene dos pares de sujetos y verbos, ambos completos y separables.

Ejemplos: **Mercedes y Rodolfo** son universitarios. (oración simple con **sujeto compuesto**)

Mercedes estudia medicina; Rodolfo sigue cursos en derecho. (oración compuesta)

Si las oraciones simples son paralelas (íntimamente relacionadas o con ideas paralelas), se usa un punto y coma (*semicolon*) para separarlas.

Ejemplo: Luis obtuvo su título en contabilidad; Elisa se graduó en administración de empresas.

Las demás oraciones compuestas usan una conjunción coordinante (**y**[1], **mas**, **pero**, **porque**, **o**, **ni**, **sino que**, **tampoco**, **también**, **por eso**, etc.) precedida de una coma para separar las dos oraciones.

Ejemplos: Me gusta el plan de estudios, pero algunas asignaturas parecen ser muy teóricas.

No voy a matricularme este semestre, sino que voy a esperar hasta el verano.

El secretario escribió la solicitud a máquina, y Celia la envió a la escuela de periodismo.

Hice el examen, pero todavía no sé el resultado de la prueba.

Use las oraciones compuestas para crear flexibilidad y variedad en el estilo de su composición.

▶ Para escribir mejor

COMO IDENTIFICAR Y ESCRIBIR ORACIONES COMPUESTAS

A. Lea el siguiente trozo ***(excerpt)*****.**

Ese Profesor Guerrero Fallas

En esta época de expertos pedagogos, de docentes con problemas y de demandas legales, encontrar un profesor como el Lic. Guerrero Fallas,

[1]Cuando las dos oraciones compuestas son muy cortas y usan la conjunción coordinante **y**, no es necesario usar la coma.

titular de la cátedra de historia, sería un escándalo digno de la radio y la televisión. Medía unos buenos dos metros, tenía voz de trueno° y vestía siempre de traje negro y corbata. Era un tirano absoluto y se enorgullecía° en serlo. Sabía que nadie escapaba a sus garras°, pero dictaba las mejores y más amenas° charlas de la facultad. Hablaba del tema que quería, y en su clase no había libros de texto ni programa de curso. Nosotros, pobres ignorantes, debíamos —según sus recomendaciones— tomar notas hasta de sus suspiros°.

Al principio de cada lección, seleccionaba una víctima a quien le correspondía resumir las ideas principales de la clase anterior. Todavía oigo sus palabras: «Señorita Quesada» o «Señor Gutiérrez, ¿de qué hablamos en la lección pasada?» Durante la exposición del pobre compañero mantenía una expresión que un jugador de póker habría envidiado°. Nadie se atrevía° a preguntar el resultado de la prueba. Al final de cada trimestre, uno a uno pasábamos por un examen oral comprensivo y la clase entera presenciaba la agonía de los condiscípulos°. En un sistema en el que las calificaciones° iban de uno como la peor nota hasta el diez como la mejor, nunca se supo de nadie que obtuviera más de un nueve.

Para sacar un diez en esta clase, decía, hay que saber más que el profesor, y eso es un imposible.

Con el transcurso de los años, se han borrado° de mi memoria los recuerdos de tantos maestros bondadosos y justos que me educaron, pero jamás podré olvidar al Lic. Guerrero Fallas.

thunder
took pride/ clutches/ pleasant
sighs
envied
dared
classmates
grades
erased

OBSERVE . . . el uso de la preposición ***de*** en la frase "*...vestía...**de** traje negro".*

B. Busque tres oraciones compuestas en el trozo del Ejercicio A. Subráyelas y cópielas.

____

____

____

____

____

C. ¿Cuáles son sus reacciones?

1. Obviamente, el profesor Guerrero Fallas era un personaje fuera de lo común. ¿Le habría gustado estar en su clase? Explique.

____

____

____

____

____

2. ¿Ha tenido usted un profesor o profesora excepcional? Escriba una descripción breve de esa persona y diga por qué la recuerda.

D. Forme oraciones compuestas con las siguientes oraciones simples para evitar (*to avoid*) la repetición innecesaria. No olvide el uso de la coma o el punto y coma. Siga el ejemplo.

Ejemplo: La Facultad de Economía ofrece seminarios sobre las finanzas internacionales. La Facultad de Educación tiene conferencias sobre los diferentes sistemas universitarios.

La Facultad de Economía ofrece seminarios sobre las finanzas internacionales; la de Educación tiene conferencias sobre los diferentes sistemas universitarios.

(o)

La Facultad de Economía ofrece seminarios sobre las finanzas internacionales, y la de Educación tiene conferencias sobre los diferentes sistemas universitarios.

1. No hay requisitos para inscribirse. Los aspirantes deben realizar una prueba selectiva.

2. Ricardo consiguió el empleo durante el verano. Ricardo no pudo pagar los derechos de matrícula este semestre.

3. Para inscribirse en el instituto hay que llenar una solicitud. Para inscribirse en el instituto se requiere pagar $500.

4. Susana obtuvo la tarjeta de la biblioteca. Susana no encontró el libro.

____

____

____

5. Olga se retiró del curso. No le devolvieron su dinero.

____

____

____

Estructuras en acción

OBJECT PRONOUNS

In order to avoid the unnecessary repetition of direct and indirect object nouns, these words are often replaced by object pronouns.

Examples: Mariana has studied **Spanish** (direct object noun), but she doesn't speak **Spanish**. (direct object noun)
Mariana ha estudiado ***español,*** *pero no habla* ***español.***

Mariana has studied **Spanish** (direct object noun), but she doesn't speak **it**. (direct object pronoun)
Mariana ha estudiado ***español,*** *pero no* ***lo*** *habla.*

Direct Object Pronouns

Direct object pronouns answer the question **Whom**? or **What**? as related to the verb. (I see **her**. He bought **it**.) Review the Spanish direct object pronouns:

Singular

me	me
te	you (familiar)
lo	him, it (masculine), you (formal, masculine)
la	her, it (feminine), you (formal, feminine)

Plural

nos	us
os	you (familiar)
los	them (masculine), you (formal, masculine)
las	them (feminine), you (formal, feminine)

Indirect Object Pronouns

Indirect object pronouns answer the questions **To whom/what**? or **For whom/what**? as related to the verb. (I'll show **her** the library. Please tell **us** where to register. Do **me** a favor.) Review the Spanish indirect object pronouns.

Singular

me	to / for me
te	to / for you (familiar)
le	to / for him, her, it, you (formal)

Plural

nos	to / for us
os	to / for you (familiar)
les	to / for them, you (formal)

NOTE: Third-person indirect object pronouns (*le, les*) usually accompany the corresponding indirect object nouns preceded by *a*. **This double usage is not considered redundant in Spanish.**

Examples: ***Le*** *solicitó ayuda a* ***la asesora.***
Les *envió la solicitud a* ***los estudiantes.***

Placement of Object Pronouns

1. Both direct and indirect object pronouns are always placed immediately in front of a conjugated verb.

   Examples: *Mariana ha estudiado español, pero no* ***lo*** *habla bien.*
   Pablo conoce al profesor y ***le*** *habla a menudo.*

2. They are always attached to an **affirmative** command,

   Examples: *Si usted quiere mejorar el español, practíque**lo**.*
   *Como tú conoces al profesor, hábla**le**.*

   but must precede a **negative** command.

   Example: *La profesora está ocupada; no* ***le*** *hables ahora.*

3. They **may be** attached to the end of an infinitive or a present participle (**-ndo**).

   Examples: *Yo voy a hablar**le*** (al profesor).
   (or)
   Yo ***le*** *voy a hablar.*

   *En este momento estoy hablándo**le**.*
   (or)
   En este momento ***le*** *estoy hablando.*

Two Object Pronouns

1. When two object pronouns accompany the same verb, the indirect pronoun always comes before the direct. Nothing may separate them.

Examples: She told **it** (direct object) to **me** (indirect object).
*Ella **me lo** dijo.*

She's going to tell **it** to **me.**
*Ella **me lo** va a decir.*
(or)
*Ella va a decír**melo.***

2. When both object pronouns begin with the letter *l*, the first one (the indirect object) changes to *se.*

Examples: She told **it** (direct object) to **them** (indirect object).
*Ella **se*** (originally *les*) ***lo** dijo.*

She's not going to tell **it** to **them.**
*Ella no **se lo** va a decir.*
(or)
*Ella no va a decír**selo.***

EXERCISES

A. The following pamphlet exemplifies an effective use of direct and indirect object pronouns. Underline as many of these pronouns as you can, then copy each one on the lines that follow. (HINT: In this text, *se* is not an indirect object pronoun.)

BIBLIOTECA DE LA MISION

3359 de la Calle 24
SAN FRANCISCO

COMO OBTENER UNA TARJETA DE LA BIBLIOTECA

LA TARJETA DE LA BIBLIOTECA ES GRATIS

Para llevar a su casa materiales de la biblioteca usted necesita tener su propia tarjeta. Para obtenerla, los adultos necesitan llenar una solicitud y mostrar una identificación con su dirección actual. Niños menores de 14 años necesitan la firma de uno de los padres o el guardián. La información suministrada es estrictamente confidencial y es sólo para el uso de la biblioteca. En caso que se le pierda la tarjeta, se le cobrará por reemplazarla. Usted puede utilizar la tarjeta en cualquier biblioteca pública de San Francisco.

LOS LIBROS SE PRESTAN GRATIS

La mayoría de los libros se prestan por tres semanas. Cassettes, videos, revistas y algunos libros se prestan por un tiempo más limitado. Si usted regresa el material después de la fecha de vencimiento se le cobrará una multa.

PARA MAS INFORMACION LLAME AL 695-5090.

EL PERSONAL DE LA BIBLIOTECA HABLA ESPAÑOL.

Biblioteca de la Misión
3359 de la Calle 24
San Francisco, CA 94110

Teléfono: (415) 695-5090

El horario de la Biblioteca:

Lunes	10-6
Martes	10-6
Miércoles	1-9
Jueves	1-6
Viernes	1-6
Sábado	10-6

Nuestro personal habla español.

Partnerships for Change is a program of the California State Library and supported by the Library Services and Construction Act.

Tipografía, Diseño, Producción: La Raza Graphics, SF

1. ______________________ 3. ______________________

2. ______________________ 4. ______________________

5. ______________________

B. Find two direct object pronouns in the following ad.

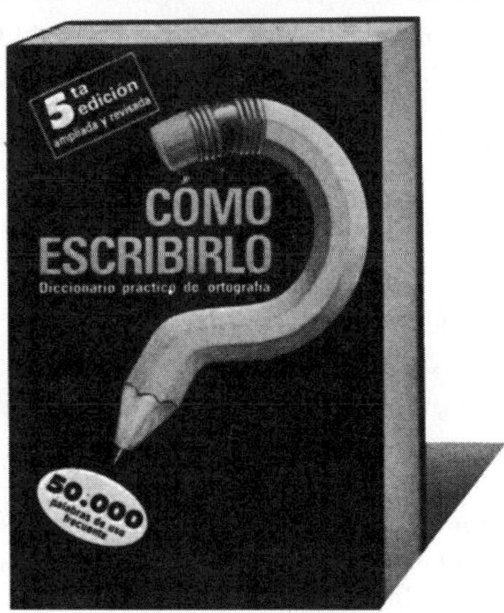

Su mejor ayudante para escribir con impecable ortografía en inglés y español.

¡Cómprelo ya en su librería o puesto de revistas favorito!

1. ______________________ 2. ______________________

Why is each pronoun attached to its verb?

1. ____

____

2. ____

____

C. Identify the direct and indirect object pronouns in the ad on page 23. (HINT: Here *lo mismo* is used to mean "the same"; *lo* is not used as a direct object.)

1. direct object pronoun: ______________________

2. indirect object pronouns:

   a. ______________________

   b. ______________________

D. Combine the following simple sentences to create a compound sentence. Use object pronouns whenever appropriate to avoid repetition. Make all necessary changes and follow the example.

Example: El asesor les explicó a los estudiantes cómo completar la solicitud. Les informó a los estudiantes que tenían que entregar la solicitud para el 2 de agosto.

El asesor les explicó a los estudiantes cómo completar la solicitud; también les informó que tenían que entregarla para el 2 de agosto.

1. Los Bonos de Ahorro de EE.UU. están exentos (*exempt*) de impuestos (*taxes*). Usar los bonos para la educación universitaria es una buena idea.

____

____

____

____

2. La Profesora Iglesias les informó a los estudiantes que habrá clase mañana. Les dijo a los estudiantes que habrá una prueba.

____

____

____

____

3. En esta clase, Omar está analizando la novela más reciente de Gabriel García Márquez. Josefina está leyendo la novela más reciente de Gabriel García Márquez para escribir un trabajo.

____

____

____

____

4. Javier compró sus libros de texto. Trajo sus libros de texto a la clase.

____

____

____

____

5. La librería universitaria no les da gratis la lista de asignaturas a los estudiantes. Les vende la lista de asignaturas a los estudiantes.

____

____

____

____

► Manos a la obra

A. He aquí (*Here is*) una lista de campos de estudio y de nombres de los profesionales que trabajan en esos campos. Familiarícese con este vocabulario.

Campo de estudio	*Profesional*
administración de empresas	administrador(a) de empresas
administración hotelera	administrador(a) de hoteles

agronomía	agrónomo(a)
antropología	antropólogo(a)
arquitectura	arquitecto(a)
astronomía	astrónomo(a)
bellas artes	pintor(a), profesor(a), etc.
biología	biólogo(a)
contabilidad	contador(a)
derecho	abogado(a)
economía	economista
educación	maestro(a), profesor(a)
filosofía	filósofo
física	físico
historia	historiador(a)
informática	técnico en informática
ingeniería	ingeniero(a)
lenguas extranjeras	profesor(a), traductor(a), intérprete
lingüística	lingüista
literatura	crítico literario, literato(a), profesor(a)
matemáticas	matemático
medicina	médico(a), doctor(a), cirujano(a)
música	músico(a), profesor(a) de música
odontología	dentista, odontólogo(a)
periodismo	periodista, reportero(a)
psicología	psicólogo(a)
química	químico
sociología	sociólogo(a)
veterinaria	veterinario(a)

B. Ahora trabaje con un(a) compañero(a) de clase. Juntos escojan dos campos profesionales. Luego digan cuál es su trabajo, de qué se ocupan y las tareas que realizan. Usen el diccionario si es necesario. Cuando sea posible, incluyan pronombres de complemento directo/indirecto.

Ejemplo: Un(a) lingüista estudia y describe la estructura de los lenguajes humanos. Puede dedicarse a enseñarla o a hacer investigación.

1. Un(a) ______________________________
____
____

2. Un(a) ______________________________
____
____

C. Con cuatro compañeros de clase, lea y estudie la siguiente descripción.

INGENIERO INDUSTRIAL EN PRODUCCION

¿QUIEN ES UN INGENIERO INDUSTRIAL EN PRODUCCION?

Es el profesionista* capacitado para el diseño, implantación y mejoramiento de sistemas integrados por personas, materiales y equipos, orientados a la producción.

AREAS DE ESPECIALIZACION

- Producción
- Métodos de Trabajo
- Sistemas de Manufactura
- Control de Calidad
- Planeación y Control de Proyectos
- Ingeniería Económica
- Simulación de Sistemas Industriales

HABILIDADES

- Elabora programas de producción.
- Diseña y mejora métodos de trabajo.
- Desarrolla modelos para pronósticos de demanda.
- Diseña e implanta sistemas de inventarios.
- Desarrolla procedimientos y políticas para el control total de calidad.
- Evalúa alternativas de inversión.
- Administra sistemas de manufactura.

¿DONDE TRABAJA?

En una empresa manufacturera en los siguientes departamentos:

- Control de Producción
- Embarques
- Ingeniería de Productos
- Superintendencia de Planta
- Mantenimiento
- Fabricación
- Aseguramiento de Calidad

En empresas comerciales, bancarias, de servicio al público y servicios en general en los siguientes departamentos:

- Ventas
- Organización y Métodos
- Ingeniería de Proyectos
- Gerencia General
- Mantenimiento
- Investigación y Desarrollo

Preparando a los Líderes del Siglo XXI

*La palabra ***profesionista*** es un mexicanismo. En otros países se usa el término ***profesional.***

Ahora piensen ustedes en otra profesión (como contador, abogada, biólogo marino, dentista, profesora de español, etc.) y elaboren su propia descripción usando oraciones compuestas y pronombres cuando sea posible. Sigan los siguientes pasos:

1. ¿Quién es...?

____

____

____

2. ¿Cuáles son las áreas de especialización?

____

____

____

3. ¿Qué habilidades necesita?

____

____

____

4. ¿Dónde trabaja?

____

____

____

Elijan ustedes ahora a un miembro del grupo para presentar su trabajo a la clase.

D. En una hoja adicional (*an extra sheet of paper*), describa su carrera o especialización y entréguele su redacción a su profesor o profesora.

PARA LOS INTERNAUTAS

Vaya a **http://www.wiley.com/college/composicion,** busque la página que corresponde a este capítulo y haga los ejercicios indicados.

MÁS ALLÁ

Toda universidad tiene una serie de actividades extracurriculares. Comente los siguientes temas con sus compañeros de clase. Luego escoja uno de ellos y escriba sus opiniones al respecto. Use oraciones simples y compuestas para variar el estilo.

1. ¿Qué obras de teatro se han presentado últimamente en la universidad? ¿Han asistido a alguna? Hagan un comentario de una obra de interés del teatro universitario o de otro teatro.
2. ¿En qué deportes sobresale esta universidad? ¿Qué deportes les interesan a ustedes? Escriban un comentario sobre un partido emocionante jugado en el campus.
3. Mencionen algunas de las organizaciones estudiantiles de esta universidad. Describan una en detalle, explicando sus funciones y labores en el campus.

En esta página podrá anotar sus ideas respecto al capítulo o bien referirse a un episodio de su propia vida.

Querido diario:

Capítulo 2

La familia

Integrantes de varias generaciones se encuentran en esta reunión familiar.

Objectives

Upon completion of this chapter you should be able to:

- identify and create complex sentences
- utilize appropriate vocabulary to write about the family
- use conjunctions and relative pronouns

▶ Para hablar del tema

VOCABULARIO ESENCIAL

Estudie las siguientes palabras y expresiones. Le pueden resultar útiles para entender el capítulo y escribir sobre la familia.

Sustantivos

el (la) abuelo(a)	*grandfather (grandmother)*
el apellido[1]	*family name, surname*
el bautizo	*baptism, christening party*
el (la) bisabuelo(a)	*great-grandfather (great-grandmother)*
el (la) bisnieto(a)	*great-grandson (great-granddaughter)*
la boda	*wedding*
la comadre	*name used reciprocally by the godmother and the parents of the child*
el compadre	*name used reciprocally by the godfather and the parents of the child*
el (la) cónyuge / esposo(a)	*spouse*
el cumpleaños	*birthday*
el (la) cuñado(a)	*brother-in-law (sister-in-law)*
la familia adoptiva	*adoptive family*
la familia extendida	*extended family*
la familia nuclear	*nuclear family*
el funeral	*funeral*
los (las) gemelos(as)	*twins*
la guardería infantil	*day-care center*
el (la) hermano(a)	*brother (sister)*
el (la) hijo(a)	*son (daughter)*
el hogar	*home, household*
el hogar de ancianos	*retirement home*
la madre	*mother*
la madrina	*godmother*
el marido / esposo	*husband*
el matrimonio	*matrimony, married couple*
la muerte	*death*
la mujer / esposa	*wife*
el nacimiento	*birth*
el (la) nieto(a)	*grandson (granddaughter)*
la niñera	*nursemaid, babysitter*
el nombre de pila	*given name*
el (la) novio(a)	*boyfriend (girlfriend) / fiancé (fiancée)*
el noviazgo	*courtship*
el padre	*father*
el padrino	*godfather*
el parentesco	*family relationship*
los parientes	*relatives*

[1]Most Hispanics use two surnames: the first is paternal, the second is maternal. Example: *Ana Rojas* (father's surname) *Loría* (mother's surname).

el parto	*act of giving birth*
la pensión alimenticia	*spouse or child support*
la primera comunión	*first communion*
el (la) primo(a)	*cousin*
la quinceañera	*girl celebrating her fifteenth birthday*
el (la) sobrino(a)	*nephew (niece)*
el (la) suegro(a)	*father-in-law (mother-in-law)*
el (la) tío(a)	*uncle (aunt)*
el (la) tío(a) político(a)	*uncle (aunt) by marriage*
la unión consensual	*common-law marriage*
la vejez	*old age*
el (la) viudo(a)	*widower, widow*

Verbos

adoptar	*to adopt*
casarse	*to get married*
comprometerse	*to get engaged*
dar a luz	*to give birth*
divorciarse	*to get divorced*
enamorarse (de)	*to fall in love (with)*
enviudar	*to become a widower or widow*
separarse	*to separate, break up*

Adjetivos

familiar	*pertaining to the family*
materno	*maternal*
paterno	*paternal*

NOTA: La forma masculina **plural** de muchos sustantivos que indican relaciones familiares puede referirse a ambos sexos.

Ejemplos:	padres	*parents*	tíos	*uncles and aunts*
	hermanos	*siblings*	nietos	*grandchildren*
	hijos	*children*	abuelos	*grandparents*

A. Lea el árbol genealógico de la familia de Arturo Soto Díaz (página 34).

B. Conteste las siguientes preguntas sobre la familia de Arturo Soto Díaz.

1. ¿Quiénes son los bisabuelos de Arturo?

___

2. ¿Cuál es el apellido materno de la abuela de Arturo?

___

3. ¿Cómo se llaman los tíos de Arturo?

___

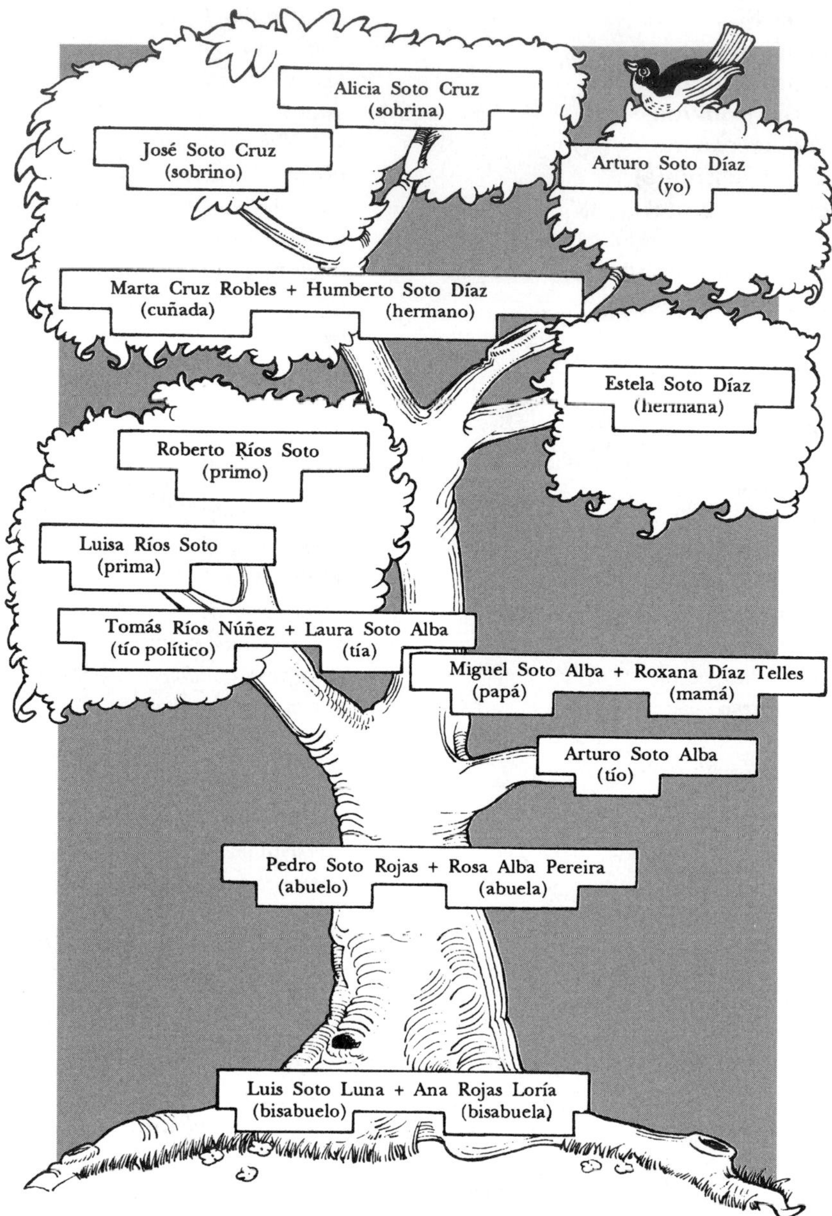

4. ¿Qué parentesco existe entre Arturo y Alicia Soto Cruz?

____

5. ¿Cuántos bisnietos tienen Pedro Soto y Rosa Alba?

____

6. ¿Qué lazos (*ties*) familiares unen a Tomás Ríos y a Laura Soto?

____

C. Haga una lista de otras palabras que le podrían ser útiles para escribir sobre la familia. Si es necesario, busque esos términos en el diccionario.

____________________	____________________	____________________
____________________	____________________	____________________
____________________	____________________	____________________
____________________	____________________	____________________
____________________	____________________	____________________
____________________	____________________	____________________
____________________	____________________	____________________
____________________	____________________	____________________
____________________	____________________	____________________
____________________	____________________	____________________

VOCABULARIO CLAVE

Las palabras de esta sección son de uso muy frecuente. Estúdielas y apréndalas. Le ayudarán en sus trabajos de redacción.

no obstante, sin embargo *however*

Alba y Eladio se divorciaron; **no obstante**, siguen siendo amigos.

por lo general *generally*

Por lo general nos reunimos con los parientes en el mismo restaurante.

a menudo *often*

Mis primos del Ecuador me llaman por teléfono **a menudo**.

a veces *sometimes*

A veces las responsabilidades familiares impiden dedicarse a los estudios.

► Análisis de la oración compleja

Imagine por un segundo la monotonía de la composición si sólo tuviéramos oraciones simples y compuestas. La oración **compleja** nos permite indicar en una sola oración la relación entre ideas. Contiene por lo menos **una cláusula principal** (independiente, con significado completo) y una o más **cláusulas subordinadas** (dependientes, que necesitan una cláusula principal para completar su significado). La cláusula subordinada puede aparecer al principio, intercalada (*embedded*), o al final de la oración. En los ejemplos de esta sección, las cláusulas subordinadas aparecerán entre corchetes (*brackets*).

Ejemplos: [Cuando llegan a la vejez], los ancianos continúan en sus casas.
Los ancianos continúan en sus casas [cuando llegan a la vejez].
Los ancianos, [cuando llegan a la vejez], continúan en sus casas.

Para unir la cláusula subordinada a la principal, a veces se usa un pronombre relativo (**que**, **quien**, **el que**, **la que**, **las cuales**, etc.) o el adjetivo relativo **cuyo** (whose).

Ejemplos: La tía Clara, [quien era soltera], siempre pasaba la Navidad con nosotros.
Vino la tía Esmeralda, [cuyos hijos estaban en Venezuela].

Usted encontrará más información sobre los pronombres relativos y el adjetivo **cuyo** en las páginas 41–43.

Otras veces, se emplea una conjunción subordinante para unir la cláusula subordinada a la principal. La conjunción subordinante puede expresar cualquiera de los conceptos que se indican a continuación.

Tiempo

antes (de) que	*before*
cuando	*when*
desde que	*since*
después (de) que	*after*
en cuanto	*as soon as*
hasta que	*until*
mientras que	*while*
tan pronto como	*as soon as*

Ejemplo: [**Después que** Ana se casó], se mudó a casa de sus suegros.

Sitio

donde, dondequiera	*where, wherever*

Ejemplo: La casa [**donde** vivían] estaba en el centro de la ciudad.

Causa

porque	*because*
puesto que	*since, inasmuch as*
ya que	*since, because*

Ejemplo: [**Puesto que** mi abuela enviudó], ahora vive con nosotros.

Concesión

aunque	*although*

Ejemplo: [**Aunque** el divorcio representa el final del matrimonio], no tiene que suponer el final de la familia.

Condición

a menos que	*unless*
con tal que	*provided that*
si	*if*
sin que	*without*

Ejemplo: La quinceañera tendrá la fiesta en casa de los abuelos [**si** no encuentra un salón].

Propósito

de manera que	*so that*
para que	*so that*

Ejemplo: [**Para que** la fiesta resulte más animada], invitaremos a toda la familia.

Manera

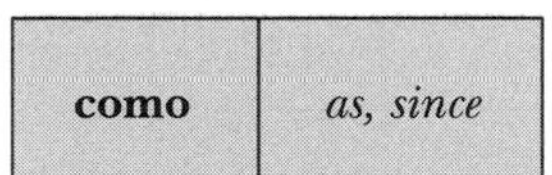

como	*as, since*

Ejemplo: [**Como** el costo de la vida es alto], a veces los recién casados viven con sus padres.

A. Subraye las cláusulas dependientes de las siguientes oraciones complejas.

1. Si la relación no mejora, Luisa piensa divorciarse.
2. La boda a la que asistí tuvo lugar en la Iglesia de la Merced.
3. La tía que más quiero vive en Cuernavaca.
4. Como te contaba, mi padrino fue un gran futbolista.
5. Para que vivieran más cómodamente, la abuela les hizo a los nietos un dormitorio en el segundo piso.

B. Relea las oraciones del Ejercicio A. Ahora, en los espacios siguientes, copie la palabra que une cada cláusula subordinada a la oración principal e indique si es un pronombre o una conjunción.

1. ______________________: ______________________
2. ______________________: ______________________
3. ______________________: ______________________
4. ______________________: ______________________
5. ______________________: ______________________

C. Forme oraciones complejas con las siguientes oraciones simples. Use las conjunciones subordinantes de las páginas 36–37.

Ejemplo:

Oraciones simples: Los niños no pueden ir al cine.
Los padres no les dieron dinero.

Oración compleja: *Ya que los padres no les dieron dinero, los niños no pueden ir al cine.*

(o)

Los niños no pueden ir al cine porque los padres no les dieron dinero.

1. Llueve. Mi abuelo y yo jugamos a las cartas.

____

____

2. El funeral terminó. Nos reunimos con los parientes y amigos de la familia.

____

____

3. Julián es pobre. Eva quiere casarse con él.

____

____

4. El matrimonio Rodríguez-Sánchez necesita una casa más grande. Ahora tienen cuatro hijos.

____

____

5. Eladio y Leticia se casaron. Los padres no lo supieron.

____

____

▶ Para escribir mejor

CÓMO IDENTIFICAR Y ESCRIBIR ORACIONES COMPLEJAS

A. Subraye y copie al menos cinco cláusulas subordinadas (dependientes) de las oraciones complejas del siguiente texto.

El Divorcio, Transición Sin Pelea

Cuando uno se casa, lo hace convencido que es para toda la vida. Por eso, cuando la palabra divorcio hace su aparición, nos toma desprevenidos°. Si además se desconocen las leyes del divorcio, separarse de su esposo o esposa puede convertirse en una pesadilla° cara. Para evitar eso, es aconsejable que cada cónyuge establezca créditos a su nombre y que se paguen las deudas que tengan en común.

by surprise
nightmare

El divorcio representa el final del matrimonio, pero no tiene por qué suponer el final de la familia. La mayoría de las leyes del divorcio fueron creadas para proteger la unidad emocional y financiera entre padres e hijos. Si usted es capaz de ver el divorcio como una transición hacia otro tipo de vida familiar, le será más fácil adaptarse a su nueva situación.

1. ____

____

2. ____

____

3. ____

____

4. ____

____

5. ____

____

B. **Si usted fuera un (una) consejero(a) matrimonial, ¿qué ideas le sugeriría a un (una) cliente que está a punto de divorciarse? ¿Por qué?**

____

____

____

____

____

____

____

____

____

____

C. **Un divorciado, quien ha estado pagándoles una pensión alimenticia a su esposa y supuesto** ***(presumed)*** **hijo, acaba de enterarse (*to find out*) por medio de un examen de sangre que en realidad el hijo no es suyo. La esposa alega que ella, de buena fe, siempre pensó que él era el verdadero padre. El esposo, por su parte, ha presentado una demanda judicial para suspender el pago de la pensión. ¿Debe seguir ayudando el padre al hijo? ¿Debe ser castigada la esposa? Usted y otros cinco compañeros de clase han sido escogidos para decidir el caso. Escriban el veredicto del jurado en las líneas que siguen y prepárense para darle una explicación de sus razones al resto de la clase.**

____

____

____

____

____

____

____

____

____

____

Estructuras en acción

RELATIVE PRONOUNS

As you have learned, complex sentences often contain a subordinate clause introduced by a relative pronoun. The words **who, whom, whose, what, which**, etc. are relative pronouns in English. *Que, quien, cuyo,* etc. are examples of Spanish relative pronouns. With very few exceptions, these words refer to a noun that has already been mentioned—the **antecedent**.

Examples:	*El primo* *(antecedent)*	***que** llamó...* *(pronoun)*	The cousin *(antecedent)*	***who*** called... *(pronoun)*
	La niñera *(antecedent)*	*con **quien** hablé...* *(pronoun)*	The babysitter *(antecedent)*	with **whom** I spoke... *(pronoun)*

It is important to note that sometimes the English relative pronoun may be omitted; however, in Spanish it is **never** omitted.

Example: *El hogar **que** visitamos es muy unido.*
The household (**that**) we visited is very close-knit.

Familiarity with the following relative pronouns and their uses is a valuable prerequisite to good writing in Spanish.

Que

This word is the most commonly used relative pronoun. Its antecedent can be a person or an object, singular or plural. *Que* functions as:

1. the subject of a **restrictive** adjective clause (a clause that provides essential, indispensable information to identify or describe the antecedent). *Que* is the **only** pronoun that can be used in this situation.

   Examples: *La tía **que** habló...* (singular subject, antecedent is a person)
   *Los hogares **que** visitamos...* (plural subject, antecedent is a thing)

2. the subject of a **nonrestrictive** adjective clause (a clause that adds some additional—but not essential—information about the antecedent). Nonrestrictive clauses are easily recognizable because they are always set off by commas.

   Example: *La abuela, **que** ya estaba cansada, decidió retirarse a dormir.*

3. the direct object.

   Example: *La casa **que** compró el abuelo está cerca de mi pueblo.*
   (direct object, antecedent is a thing)

Quien, quienes

This pronoun refers only to persons (or personified objects). *Quien* is used with a singular antecedent and *quienes* with a plural. *Quien/quienes* functions as:

1. the indirect object.

   Example: *La joven a* ***quien*** *le celebran los quince años...*

2. the object of a preposition.

   Example: *Los primos con* ***quienes*** *hablamos...*

3. the subject of a **nonrestrictive** clause. In this function, *quien/quienes* can be replaced by *que.*

   Examples: *Los hijos,* ***quienes*** *habían jugado por horas, estaban agotados.*
   (or)
   Los hijos, ***que*** *habían jugado por horas, estaban agotados.*

4. the equivalent of indefinite English expressions such as **whoever, whomever**, **the one who**, **anyone who**, etc., when the antecedent is either indefinite or not expressed.

   Examples: ***Quien*** *no trabaja, no come.*
   Tengo que buscar ***quien*** *me haga los quehaceres domésticos.*

El/La/Los/Las que or El/La/Los/Las cual(es)

The relative pronoun *cual(es)* is more precise than *que,* which is invariable. Both of them are preceded by the definite article (*el, la, los, las*). In **written** Spanish, *cual(es)* is usually preferred.

1. *Cual(es)* occurs in nonrestrictive clauses when the distance between the antecedent and the relative pronoun could cause confusion or when there is more than one noun that could be the antecedent.

   Examples: *Mi hermano trajo las fotos del viaje,* ***las cuales*** *me encantaron.* (*Las cuales* refers to *fotos.* The **photos** are what delighted me.)
   (but)
   Mi hermano trajo las fotos del viaje, ***el cual*** *me encantó.* (*El cual* refers to *viaje.* The **trip** is what delighted me.)

2. In written Spanish, *el cual* is used more often than *el que* after prepositions of two or more syllables (*hacia, para, contra, dentro de, desde, sobre,* etc.) and after prepositional phrases (*después de, cerca de, lejos de, junto a,* etc.). However, *el que* is grammatically correct in these instances in both written and spoken Spanish.

   Examples: *La aldea* (village) *cerca de* ***la cual*** *vivíamos está a unos veinte kilómetros de la capital.*
   (or)
   La aldea cerca de ***la que*** *vivíamos está a unos veinte kilómetros de la capital.*

3. When *el* (*la, los, las*) *que* occurs with no expressed antecedent, it is often equivalent to the English **the one(s) who**.

Example: ***El que** te llamó debe haber sido un pariente lejano.*

Cuyo

This word, which is really an adjective (equivalent to the English word **whose**), is used with both persons and things. It is important to remember that it must agree in number and gender with the **noun possessed**, not with the possessor. It occurs more often in written Spanish than in the spoken language.

Examples: *La familia, **cuyos** miembros asistieron a la fiesta...*
(*Cuyos* agrees with *miembros,* not with *familia.*)
The family, **whose** members attended the party...

*Este es el padre **cuya** hija se casó sin avisar.*
(*Cuya* agrees with *hija,* not with *padre.*)
This is the father **whose** daughter got married without letting anyone know.

*Mi hermana, **cuyo** auto usamos durante el viaje...*
(*Cuyo* agrees with *auto,* not with *hermana.*)
My sister, **whose** car we used during the trip...

Lo cual

This pronoun is used when the antecedent is an **entire clause**, not just a word or phrase.

Examples: *Todos los hijos de la señora Araluce son muy corteses, **lo cual** no es nada de extrañar.*
All of Mrs. Araluce's children are extremely polite, **which** is not at all surprising.

Note that the antecedent of *lo cual* is the entire clause *Todos los hijos de la señora Araluce son muy corteses,* **not** any specific noun.

Lo que

This pronoun refers to a noun or a clause **previously expressed**. It is equivalent to **what, whatever,** or **that which**.

Examples: ***Lo que** dijo papá nos sorprendió.*
What Dad said surprised us.

*Mamá te comprará **lo que** quieras si te portas bien.*
Mom will buy you **whatever** you want if you behave.

EXERCISES

A. Read the following text and underline the relative pronouns.

HOMBRES FAMOSOS QUE SE ENAMORARON DE LA HERMANA DE SU ESPOSA

1- Herodes, quien incluso ejecutó a San Juan Bautista porque cuestionó su derecho a casarse con su cuñada. 2- Enrique VIII, quien sostuvo un sonado romance con María Bolena antes de que el muy apasionado rey se enamorara de su hermana Ana, a quien terminó cortándole la cabeza. 3- Mozart, el compositor, quien se enamoró primero de Aloysia Weber y terminó casándose con su hermana Constanza, al ser rechazado por Aloysia. 4- El escritor Charles Dickens, quien se enamoró de DOS de sus cuñadas y terminó divorciándose de su esposa a los 22 años de casados y después de tener 10 hijos. 5- El famoso Sigmund Freud, quien se enamoró perdidamente de la hermana de su mujer, Minna, a quien le confió todas sus ideas sobre el sicoanálisis, y de quien se afirma fue amante por más de 40 años. Lo más curioso es que Minna vivía en la misma casa de su hermana y cuñado, y para llegar a su dormitorio tenía que atravesar el dormitorio matrimonial de los Freud. 6- Y en épocas modernas tenemos el caso del armador griego Stavros Niarchos, quien primero se casó con Eugenia Livanos (de cuya súbita muerte se le acusó, aunque fue llevado a juicio) y después se casó con su cuñada Tina Livanos, quien había sido la esposa de su archirrival en los negocios, Aristóteles Onassis.

sonado... celebrated; rechazado...*rejected*; perdidamente... *hopelessly*; súbita... sudden

OBSERVE... el uso de la preposición ***con*** unida al verbo ***casarse*** en las líneas 3, 10, 28 y 31. Note también el uso de la preposición ***de*** que sigue el verbo reflexivo ***enamorarse*** en las líneas 6, 9, 13 y 17.

B. Explain why the underlined relative pronouns are used in the following excerpt.

Example: *It is the object of a preposition* or *it introduces a nonrestrictive adjective clause whose antecedent is* ________________.

El famoso Sigmund Freud, quien (1) se enamoró de...Minna, a quien (2) le confió todas sus ideas sobre el sicoanálisis, y de quien (3) se afirma que fue amante por más de 40 años... . Y en épocas modernas tenemos el caso del armador griego Stavros Niarchos, quien (4) primero se casó con Eugenia Livanos (de cuya (5) súbita muerte se le acusó)... .

1. quien ____

____

____

2. a quien ______________________________

____

____

3. de quien ______________________________

____

____

4. quien ______________________________

____

____

5. cuya ______________________________

____

____

C. Using a relative pronoun, combine the following simple sentences to create a complex sentence. Eliminate unnecessary repetition where possible. Follow the example.

Example: Simple sentences: Herodes ejecutó a San Juan Bautista.
Herodes se casó con su cuñada.

Complex sentence: *Herodes, quien ejecutó a San Juan Bautista, se casó con su cuñada.*

(or)

Herodes, quien se casó con su cuñada, ejecutó a San Juan Bautista.

1. Simple sentences: Enrique VIII se casó con Ana Bolena.
Enrique VIII le cortó la cabeza a Ana Bolena finalmente.

Complex sentence: ______________________________

____

____

2. Simple sentences: Mozart se casó con Constanza Weber.
La hermana de Constanza Weber rechazó a Mozart.

Complex sentence: ______________________________

____

____

3. Simple sentences: Minna vivió en la casa de Freud.
Minna fue amante de Freud.

Complex sentence: ______________________________

____

____

4. Simple sentences: Stavros Niarchos fue un armador griego.
Stavros Niarchos se casó con Eugenia Livanos.

Complex sentence: ______________________________

____

____

D. Give Spanish equivalents of the following sentences.

1. This is the woman whose son got married last week.

____

____

____

2. The house in which the Castro family lived was destroyed by an earthquake (*un terremoto*).

____

____

____

3. My cousin invited me to her wedding, which made me very happy.

____

____

____

4. Whoever has children has responsibility.

____

____

____

5. What Aunt Marta told me is a secret.

____

____

____

►Manos a la obra

A. Lea el siguiente texto. Subraye los pronombres relativos y las conjunciones subordinantes en las oraciones complejas y observe su uso. Familiarícese con el vocabulario también.

Cambios en la familia hispanoamericana

El cuadro estereotipado de una familia hispana altamente unida, siempre numerosa y con una organización patriarcal es en mucho la imagen de tiempos pretéritos o de las zonas rurales. Para comprender mejor los cambios que han surgido, es necesario hacer cortes longitudinales de la sociedad hispanoamericana y observar el ambiente en el que se desarrolla cada familia.

La familia culta de clase media o alta en los grandes centros urbanos recuerda la europea o la norteamericana. Ambos cónyuges desempeñan actividades profesionales y el núcleo familiar es relativamente pequeño. Como el nivel de vida es superior al del resto de la población, los miembros de esta unidad disfrutan de las comodidades modernas y mantienen una actitud muy abierta hacia cambios venidos del exterior. La mujer, aunque aún juega un papel tradicional, se ha independizado bastante y ha dejado el nido hogareño° para colaborar con su marido en el plano económico. Este grupo social acepta sin muchos reparos° el aborto, la planificación familiar y el divorcio como formas legítimas de modelar la familia moderna.

home
qualms

Problemas socio-económicos han creado una emigración constante del campo hacia las ciudades. Los nuevos arribos° constituyen un cinturón de pobreza alrededor de las ciudades importantes. Estas clases

arrivals

desproveídas° en las grandes aglomeraciones metropolitanas ven un derrumbamiento° de sus valores y una desintegración de la familia. Las uniones consensuales son comunes y los hijos ilegítimos muchas veces crecen sin el padre. La madre, quien se convierte en la única responsable del bienestar del grupo familiar, es por lo general obrera o empleada doméstica. En los países donde existe la medicina social, estas mujeres tienen acceso a clínicas y hopitales donde se practica la distribución de anticonceptivos, la esterilización y, en casos especiales, el aborto. En los casos más patéticos, los hijos deambulan° por las calles solicitando limosna y muchas veces terminan con líos° judiciales.

poor
collapse
walk aimlessly
problems

Un tercer grupo está constituído por las familias de zonas rurales. Es aquí que se conservan las actitudes religiosas y tradicionales que normalmente se asocian con la familia hispanoamericana. La madre junto con las hijas mayores son típicas amas de casa, encargadas del hogar y de velar por los niños. El padre junto con los hijos mayores trabaja fuera de la casa; es el patriarca y mantiene una actitud altamente machista. El producto es una familia extendida en la cual los anticonceptivos y la planificación familiar son rechazados como pecaminosos° o dañinos. Este sector de la población sufre los altibajos° de la economía mundial y local y tiene muchos problemas para sobrevivir. No es de extrañar, pues, que gran número de estas familias emigren masivamente a las ciudades, alimentándose así el ciclo urbano descrito anteriormente.

sinful
ups and downs

Es un hecho ineludible° que las estructuras familiares son complejas en Hispanoamérica y que las diferencias que a menudo se atribuyen a la familia tradicional tienden a desaparecer. Es también verdad que los jóvenes aceptan más fácilmente los cambios, y con el advenimiento de un nivel de vida más holgado°, las nuevas estructuras adquieren vigor. Hay que apuntar, no obstante, que aunque el núcleo familiar se ha achicado°, el concepto de familia extendida donde caben los abuelos, las tías, los primos y aún parentela° distante, sigue vigente. Hasta ahora las guarderías infantiles de los centros urbanos no han logrado reemplazar totalmente a las abuelas.

unavoidable
comfortable
has become smaller
relatives

B. Con un(a) compañero(a) forme oraciones complejas de las siguientes oraciones sencillas. Usen un pronombre relativo o una conjunción subordinante para introducir la cláusula dependiente. (Consulten las páginas 36–37 si necesitan repasar las conjunciones subordinantes.)

Ejemplo: Los hijos tienen a menudo líos con la justicia. Deambulan por las calles solos.
Cuando los hijos deambulan por las calles solos, a menudo tienen líos con la justicia.

1. La familia extendida es una estructura. Aquí cabe toda la parentela.

La familia extendida es una estructura ______________________________

____

2. La madre es por lo general obrera. Es la única responsable del grupo familiar.

   La madre, ____

   ____

3. Hay que observar parámetros de clase social y de posición geográfica. Podemos caer en el esterotipo falso.

   A menos que ____

   ____

4. Vamos a explicar los cambios. Los cambios han surgido recientemente.

   Vamos a explicar los cambios ______________________________

   ____

5. Es necesario tener en cuenta el ambiente de cada familia. Cada familia vive en un ambiente específico.

   Es necesario tener en cuenta el ambiente específico______________________

   ____

6. El padre aún juega el papel de proveedor. La madre también contribuye económicamente.

   ______________________________, la madre contribuye también ecómicamente.

7. Los hijos ilegítimos son comunes. Los cinturones de pobreza se hallan por todo Hispanoamérica.

   Los cinturones de pobreza, en______________________________

   ______________________________, se hallan por todo Hispanoamérica.

C. ¿Ya encontró su media naranja *(better half)* o aún la sigue buscando? En una hoja adicional, prepare una descripción de su compañero(a) ideal. Describa su personalidad, su aspecto físico y hable de sus gustos, hábitos y pasatiempos. Incluya por lo menos tres oraciones complejas en su trabajo. A continuación encontrará algunos términos que le podrían ser útiles para realizar este ejercicio.

Personalidad

inteligente, con un buen sentido del humor, de buen carácter, trabajador(a), cariñoso(a), alegre, comprensivo(a), etc.

Aspecto físico

moreno(a), rubio(a), de ojos (negros, café, azules), de pelo (rubio, castaño, negro, rizado, lacio), en forma, musculoso(a), bien vestido(a), limpio(a), etc.

Gustos, hábitos y pasatiempos

aficionado(a) al..., jugador(a) de..., etc.

D. Ahora, trabajando en grupos de cinco, lean y comenten lo que cada uno(a) ha escrito para el Ejercicio C. Escojan el mejor trabajo y léanlo al resto de la clase.

PARA LOS INTERNAUTAS

WWW

Vaya a **http://www.wiley.com/college/composicion,** busque la página que corresponde a este capítulo y haga los ejercicios indicados.

MÁS ALLÁ

Comente los siguientes temas con sus compañeros de clase. Luego escoja uno de ellos y escriba sus opiniones al respecto. Use oraciones simples, compuestas y complejas para variar el estilo.

1. El núcleo familiar ha cambiado mucho. En el pasado la madre se quedaba en casa y el padre salía a trabajar. Hoy, ambos (*both*) trabajan y en algunos casos es el padre quien cuida de los hijos y está encargado de las labores del hogar. ¿Qué consecuencias han tenido estos cambios? ¿Les parecen los tiempos contemporáneos más justos y beneficiosos? Den sus ideas sobre los cambios en la familia tradicional.
2. Muchos ancianos terminan sus días alejados de (*far from*) sus parientes en un asilo (*retirement, nursing home*). ¿Permitirían ustedes que sus padres murieran en una institución para ancianos? Algunos piensan que los ancianos tienen mejor cuidado médico en un asilo y que se sienten mejor con personas de su misma edad y gustos. Otros creen que los ancianos pueden vivir más y mejores años si se quedan con sus parientes y ayudan con las tareas de la casa. Además muchos afirman que los ancianos sufren muchos maltratos y abusos en esas instituciones. ¿Cuáles son sus reacciones sobre este tema?
3. Uno de los más agudos (*pressing*) problemas de nuestra sociedad es el maltrato y abuso de niños y adolescentes. ¿Cuáles creen ustedes que son las causas? ¿Qué se podría hacer para disminuir este flagelo (*calamity*)?

En esta página podrá anotar sus ideas sobre este capítulo o bien referirse o a un episodio de su propia vida.

Querido diario:

Capítulo 3

La rutina diaria

De compras por las calles de Buenos Aires, Argentina.

Objectives

Upon completion of this chapter you should be able to:

- understand the structure of a paragraph
- write an effective paragraph
- utilize appropriate vocabulary to write about your daily routine
- use reflexive constructions

► Para hablar del tema

VOCABULARIO ESENCIAL

Estudie las siguientes palabras y expresiones. Le pueden resultar útiles para entender el capítulo y escribir sobre la rutina diaria.

Sustantivos

la agenda	*agenda*
el aseo	*cleaning, cleanliness*
la barbería	*barber shop*
el gimnasio	*gym*
la guardería infantil	*day-care center*
la higiene	*hygiene*
el horario	*schedule*
la iglesia	*church*
la peluquería	*hairstyling salon, barber shop*
el salón de belleza	*beauty shop*
la sinagoga	*synagogue*
el templo	*temple*

Verbos

acostarse (ue)	*to go to bed*
afeitarse / rasurarse	*to shave*
almorzar (ue)	*to have lunch*
bañarse	*to take a bath*
cambiarse de ropa	*to change clothes*
cenar	*to have dinner*
cepillarse los dientes	*to brush one's teeth*
cocinar	*to cook*
cortarse el pelo	*to get a haircut*
desayunar(se)	*to eat breakfast*
descansar	*to rest*
despertarse (ie)	*to wake up*
desvestirse (i, i)	*to undress, get undressed*
divertirse (ie, i)	*to have fun*
ducharse	*to take a shower*
encontrarse (ue) con alguien	*to meet someone, run into someone*
hacer los mandados	*to run errands*
ir al banco	*to go to the bank*
ir de compras	*to go shopping*
lavar la ropa	*to wash clothes*
lavarse el pelo	*to wash one's hair*
levantarse	*to get up*
merendar (ie)	*to snack*
pagar las cuentas	*to pay bills*
pasar la aspiradora	*to vacuum*

peinarse	*to comb one's hair*
poner el despertador	*to set the alarm clock*
tomar una siesta	*to take a nap*
vestirse (i, i)	*to dress, get dressed*

A. Lea el horario de Ernestina Ruiz, estudiante y madre.

martes **24 de mayo de 1999**

A.M.

6:00	
7:00	
8:00	llevar a Joselito a casa de doña Emilia
9:00	
10:00	~~salón de belleza~~ cita con la dentista
11:00	depositar los cheques y hablar con el gerente
12:00	almuerzo con Enrique y Sofía (Hacienda del Viejo)

P.M.

1:00	
2:00	examen de Filosofía 102
3:00	ver Prof. Guardia (traer el borrador)
4:00	primera clase de aeróbicos
5:00	
6:00	
7:00	cena con doña Emilia
8:00	
9:00	
10:00	

B. Ahora, conteste las siguientes preguntas sobre las actividades de Ernestina Ruiz. Use su imaginación cuando sea necesario.

1. ¿Por qué no pudo ir al salón de belleza a las diez de la mañana?

____

____

2. ¿Quién es doña Emilia?

____

____

3. ¿Cuándo va a repasar Ernestina para el examen de Filosofía 102?

____

____

4. ¿Adónde va a las once de la mañana?

____

____

C. Ernestina no especificó las actividades de todo el día. Use su imaginación y diga qué hizo a las...

7:00 A.M. ______________________________

9:00 A.M. ______________________________

5:00 P.M. ______________________________

6:00 P.M. ______________________________

8:00 P.M. ______________________________

10:00 P.M. ______________________________

D. Ahora haga una lista de las palabras en el Ejercicio A que usted no conocía. Añada otras expresiones que considere útiles para escribir sobre las actividades diarias. Si es necesario, busque su significado en el diccionario.

______________ ______________ ______________

______________ ______________ ______________

______________ ______________ ______________

______________ ______________ ______________

______________ ______________ ______________

______________ ______________ ______________

______________ ______________ ______________

______________ ______________ ______________

______________ ______________ ______________

______________ ______________ ______________

VOCABULARIO CLAVE

Las palabras de esta sección son de uso muy frecuente. Estúdielas y apréndalas. Le ayudarán en sus trabajos de redacción.

al fin y al cabo *in the long run*

Discutimos mucho pero **al fin y al cabo** el que tuvo que pasar la aspiradora fui yo.

así pues, por lo tanto *thus*

Debes levantarte temprano; **así pues**, pon el despertador y no protestes.

apenas *scarcely, hardly*

Apenas hay tiempo para comer y relajarse.

antes que nada *before anything, first and foremost*

Antes que nada usted debe mantener una actitud positiva ante la vida.

Análisis del párrafo y su estructura

En los capítulos 1 y 2 se analizó la oración. Otra unidad más extensa y de mayor importancia es el párrafo. Previamente habíamos definido una oración como un grupo de palabras que expresa una idea o pensamiento. Un párrafo es un grupo de oraciones que expresan una idea o tema. Si no tuviéramos párrafos, una composición apenas sería una larga lista de oraciones inconexas. La buena redacción exige que se desarrolle una idea central o tesis a través de varios pasos o etapas. Cada una de estas etapas representa un párrafo. Las oraciones del párrafo se unen y se expanden para explicar la idea central que se desea comunicar al lector. Cada nuevo párrafo debe representar un cambio marcado de asunto, idea, énfasis, hablante, lugar, tiempo o nivel de generalidad. El párrafo señala las diferentes transiciones en el pensamiento del autor y ayuda a seguir el hilo del argumento.

Los párrafos varían en su tipo y estructura. Muchos contienen una oración que establece la idea central o tema. De ordinario, esta oración se denomina la **oración tópica**. Esta oración encabeza por lo común el párrafo, es la más general y está seguida de otras oraciones **—oraciones subordinadas—** que desarrollan el mensaje o pensamiento central.

Quizá, a través de sus estudios en inglés o en español, haya usted adquirido la falsa idea de que todo párrafo tiene que empezar con una oración tópica. Nada está más alejado (*further*) de la verdad. Si esto fuera cierto, las composiciones serían monótonas y predecibles. En realidad hay párrafos que carecen de (*lack*) oración tópica; otros no tienen oraciones subordinadas. Hay párrafos cuya función es establecer la introducción, otros la conclusión y otros el desarrollo del argumento. Lo esencial es que cada nuevo párrafo cumpla una función lógica dentro de la supraestructura que representa el mensaje del autor. Posibles tipos de oraciones en un párrafo:

1. **Oración tópica:** Representa la idea central del párrafo y debe ser la oración más general.
2. **Oraciones de expansión:** Fortifican, reestablecen, elaboran o proveen información o contexto para algún aspecto de la idea central del párrafo.
3. **Oraciones restrictivas:** Cuando estas oraciones ocurren en un párrafo, su función es restringir (*to restrict*) el tema central o fijarle límites. Sirven para presentar una idea opuesta a la expresada por la oración tópica y son un buen recurso retórico para introducir un pensamiento contradictorio.

Lea el siguiente párrafo y observe la función de las oraciones.
1 = **oración tópica**, 2 = **oración de expansión** y 3 = **oración restrictiva**

Soy esclavo del reloj (1). A las cinco me levanto, me baño, desayuno y salgo para la universidad (2). Al mediodía, si tengo tiempo, almuerzo (2). Por eso de las tres, llego a mi casa (2). Saco a los perros y a las cuatro estoy en el gimnasio (2). A las siete hago la cena y estudio (2). Claro que los fines de semana son muy diferentes (3). Los sábados por la noche son sagrados, mi período de diversión (2). Voy al cine, a un restaurante, a bailar —algo para escaparme de la monotonía (2).

A. Identifique la función de cada una de las oraciones en el siguiente párrafo. Marque con 1 la oración tópica, con 2 las oraciones de expansión y con 3 las restrictivas. Use el párrafo anterior como ejemplo.

A menudo se cae en hábitos insípidos de los cuales es difícil escapar ( ). Las labores monótonas del día, el tráfico de las autopistas y las exigencias del trabajo son en mucho responsables de esta situación ( ). Por falta de imaginación, muchos de nosotros dejamos que la rutina se apodere (*take over*) de nuestra vida ( ). Nos convertimos en robots ( ). Los que sí saben vivir, en cambio, introducen innovaciones y mantienen una actitud positiva ante los retos (*challenges*) cotidianos ( ). Usan el tiempo que pasan atrapados (*trapped*) en el automóvil, por ejemplo, para relajarse escuchando su música preferida ( ). Encuentran la oportunidad de ir al gimnasio o al salón de belleza y siempre saben modificar ligeramente su horario ( ).

Ahora quizá esté usted pensando: «Magnífico, pero, ¿qué debo hacer para escribir buenos párrafos?» La respuesta a esa pregunta no es fácil. La práctica y la observación cuidadosa, con el tiempo, otorgan (*yield*) esas habilidades. Antes que nada, determine el mensaje que desea comunicar al lector. Sin este paso, no existe una buena redacción. Luego, mentalmente o por escrito considere los pasos o divisiones que le llevarán a completar su mensaje. No se preocupe por la introducción ni la conclusión. Los mejores escritores dejan esos detalles para la revisión final.

Hay dos tipos de escritura: una versión espontánea donde dejamos que las ideas fluyan sin preocuparnos de posibles errores y correcciones, y otra refinada que entregamos al lector. Son estos dos procesos los que le permitirán entender y producir buenos párrafos.

Una vez que haya escrito una decena (*ten*) de oraciones, léalas cuidadosamente. ¿Expresan claramente su pensamiento? Ahora bien, ¿presentan solamente un punto de vista o son en realidad material para dos o más párrafos? El proceso de pulimento (*polishing*) debe continuar. Una oración subordinada nunca debe ser más general que la tópica. Si esto sucede, es muy probable que se necesite incluir esa oración en un nuevo párrafo.

¿Ha mantenido el enfoque constante o ha divagado (*digressed*) con información que no es pertinente al caso en discusión? Si hay ideas a favor y en contra, las debe organizar en grupos separados para facilitarle la comprensión al lector.

Cuando el mensaje y la estructura del texto sean claros, se debe continuar con la revisión de la gramática y del vocabulario. Es al releer un trozo que nos damos cuenta de los errores de gramática, de ortografía, de selección léxica, etc. Si usted tiene acceso a una computadora con un procesador de palabras, úsela. Estas máquinas son de gran ayuda para llevar a cabo (*carry out*) los procesos de lectura y autocorrección.

Para escribir mejor

CÓMO IDENTIFICAR ORACIONES TÓPICAS Y DE EXPANSIÓN

A. Lea el siguiente texto. Busque en el diccionario las palabras que usted no conozca.

La venerable tradición de la siesta

Parece que todo lo que nuestra avanzada y sabia° sociedad moderna desecha° o menosprecia° resulta ser, al fin y al cabo, de transcendental importancia. Hoy presenciamos la vindicación de una de las venerables tradiciones de nuestros abuelos: la siesta.

Se ha comprobado que entre la una y las cuatro de la tarde nuestra energía, actividad mental y facultad de concentración descienden a sus niveles° más bajos. Así pues, es prudente detenerlo todo y darse un descanso de unos treinta minutos como en los buenos tiempos de los trenes a vapor° y los fusiles de chispa°. La muy respetable sociedad japonesa ha sido la promotora de un nuevo movimiento para reinstituir la siesta. Antes de retirarse, el jefe circula por las oficinas para cerciorarse° que su rebaño° va a roncar° en formación de escuadrilla°. Al despertar, milagro° de milagros, la creatividad explota con una ganancia de un veinte por ciento.

La «siestología» será muy pronto una de las ramas° de la medicina y la terapia. El remedio está al alcance° de todos. No hay más que esperar. La hamaca reemplazará la máquina cafetera. La siesta combate la tensión, el temor y la depresión. Reduce los problemas cardiovasculares, el ausentismo, los divorcios y favorece la vitalidad sexual, la memoria y la longevidad.

wise
casts aside/ puts down
levels
steam/ flintlock rifle/ to make sure/ flock/ snore/ squadron/ miracle/ branches/ reach

Los iniciados hablan de la siesta «acuática» tendidos° sobre un flotador, o la siesta «campestre» bajo la sombra bienhechora° de un corpulento árbol. Hay quien se mete en sus pijamas y sigue un elaborado ritual. Yo me contento con la siesta, punto; ya en el sillón de la oficina, ya en la privacidad de la alcoba°.

El pasado tuvo gigantes de la siesta como Napoleón, Edison y Churchill, para nombrar unos pocos. Hoy las generaciones del siglo veintiuno, cansadas y somnolientas°, acogen° a una vieja amiga. ¡Viva la siesta!

stretched
sheltering
bedroom
sleepy/ welcome

OBSERVE... el uso de la preposición **a** en la expresión "***trenes a vapor***". Note en la última oración de la lectura el uso de la **a personal** en la frase "***acogen a una vieja amiga***".

B. Siga las instrucciones para analizar la organización del texto.

1. Busque la oración tópica del primer párrafo y cópiela.

___

___

2. Escriba usted en sus propias palabras la idea de la oración tópica del segundo párrafo.

___

___

3. Busque y copie una de las oraciones de expansión del segundo párrafo.

___

___

4. ¿Qué tipo de oración es la primera oración del tercer párrafo (tópica, de expansión, restrictiva)? Explique por qué.

___

___

5. En el cuarto párrafo no hay una oración que se distinga como oración tópica. Escriba su propia oración tópica para este párrafo.

___

___

C. Lea la siguiente oración tópica.

> **La productividad de cualquier compañía aumentará considerablemente con una hora de siesta para todos los empleados.**

Trabaje con un(a) compañero(a). Juntos escriban tres oraciones restrictivas (oraciones que presentan una idea opuesta a la de la oración tópica) para contrastar con la oración tópica.

1. ______________________________

____

2. ______________________________

____

3. ______________________________

____

D. Escriba usted ahora sobre sus actividades durante un fin de semana especial —romántico tal vez. No olvide incluir una oración tópica y añadir oraciones de expansión y restrictivas. ¡Cuidado! ¡Su profesor(a) indiscreto(a) le puede pedir que lea su trabajo a la clase!

Un fin de semana muy especial

____

____

____

____

____

____

____

____

____

____

► Estructuras en acción

REFLEXIVE PRONOUNS

Reflexive pronouns are often used when writing or speaking in Spanish about one's daily routine. A reflexive pronoun always refers back to the subject. The subject is both the **doer** and the **receiver** of the action.

Examples: Mom bathes them. (not reflexive)
Mamá los baña.

Mom bathes (herself). (reflexive)
Mamá se baña.

Note that English often omits reflexive pronouns when the meaning is clear. (I bathe before going to bed. I shave.) Spanish **always** requires them. (***Me** baño antes de acostar**me**. **Me** afeito.*)

1. Reflexive pronouns in English are easily identifiable because they end in the suffix **-self / -selves** (**myself, themselves**, etc.). Spanish reflexive pronouns are identical to the nonreflexive direct or indirect object pronouns in the first and second persons; however, the third person reflexive (both singular and plural) is **se**. Remember, the reflexive pronoun always agrees in person and number with the subject.

Subject	***Reflexive pronoun***
yo	***me*** (myself)
tú	***te*** (yourself)
él, ella, Ud.	***se*** (himself, herself, yourself, itself)
nosotros	***nos*** (ourselves)
vosotros	***os*** (yourselves)
ellos, ellas, Uds.	***se*** (themselves, yourselves)

2. Reflexive pronouns are **always** placed in front of a conjugated verb.

   Examples: *Yo **me** baño.*
   Ella **se** baña.

   They are always **attached** to an **affirmative** command, but must **precede** a **negative** command.

   Examples: *¡Báñe**se**!*
   *¡No **se** bañe!*

   They may either be attached to or precede an infinitive or a present participle (*-ndo*).

   Examples: *Ella va a bañar**se**.*
   (or)
   *Ella **se** va a bañar.*

   *Ella está bañándo**se**.*
   (or)
   *Ella **se** está bañando.*

3. All transitive verbs (verbs that can take a direct object) may be used either reflexively or nonreflexively in Spanish. Remember, when these verbs are used reflexively, the object is the same as the subject. For example: *¿Los niños? Mamá los baña y luego se baña ella.* (The children? Mom bathes them, then she takes a bath.)

Nonreflexive	*Reflexive*
Yo los acuesto. I put them to bed.	*Yo me acuesto.* I go to bed.
El barbero lo afeita. The barber shaves him.	*El barbero se afeita.* The barber shaves (himself).
Nosotros los sentamos. We seat them.	*Nosotros nos sentamos.* We sit down (seat ourselves).
Papá divierte a los niños. Dad amuses the children.	*Pero no se divierte él.* But he's not enjoying himself.

4. Whereas English uses a possessive adjective with articles of clothing and parts of the body (my hair, your teeth, his shirt, her blouse, etc.), Spanish uses the definite article. The possessor is indicated by an indirect object pronoun (either reflexive or nonreflexive).

Examples:

Yo **me** *corté el pelo.*	I cut my hair.
Ella **me** *cortó el pelo.*	She cut my hair.
Yo **le** *corté el pelo.*	I cut her (his) hair.
Ella **se** *cortó el pelo.*	She cut her hair.
Yo **me** *pongo la chaqueta.*	I put on my jacket.
Ella **me** *pone la chaqueta.*	She puts on my jacket (for me).
Yo **le** *pongo la chaqueta.*	I put on her jacket (for her).
Ella **se** *pone la chaqueta.*	She puts on her jacket.

5. The plural reflexive pronouns (*nos, os, se*) are sometimes used to express reciprocal actions, for which English uses **each other** or **one another**.

Examples: *Mamá y papá siempre* **se** *hablan al desayunar.*
Mom and Dad always talk **to each other** while they eat breakfast.

Siempre **nos** *vemos en la clase de aeróbicos.*
We always see **each other** at aerobics class.

6. A few Spanish verbs assume a different meaning when they are used reflexively.

Reflexive verbs with special meanings

ir	to go	*irse*	to leave, go away
dormir	to sleep	*dormirse*	to fall asleep
quitar	to take away	*quitarse*	to take off (clothing)

7. Some verbs are always used reflexively in Spanish, but they do not necessarily imply a reflexive action. Note the examples below.

Other reflexive verbs

acordarse	to remember
atreverse	to dare
quejarse	to complain

EXERCISES

A. Look at the following text and then complete the items that follow.

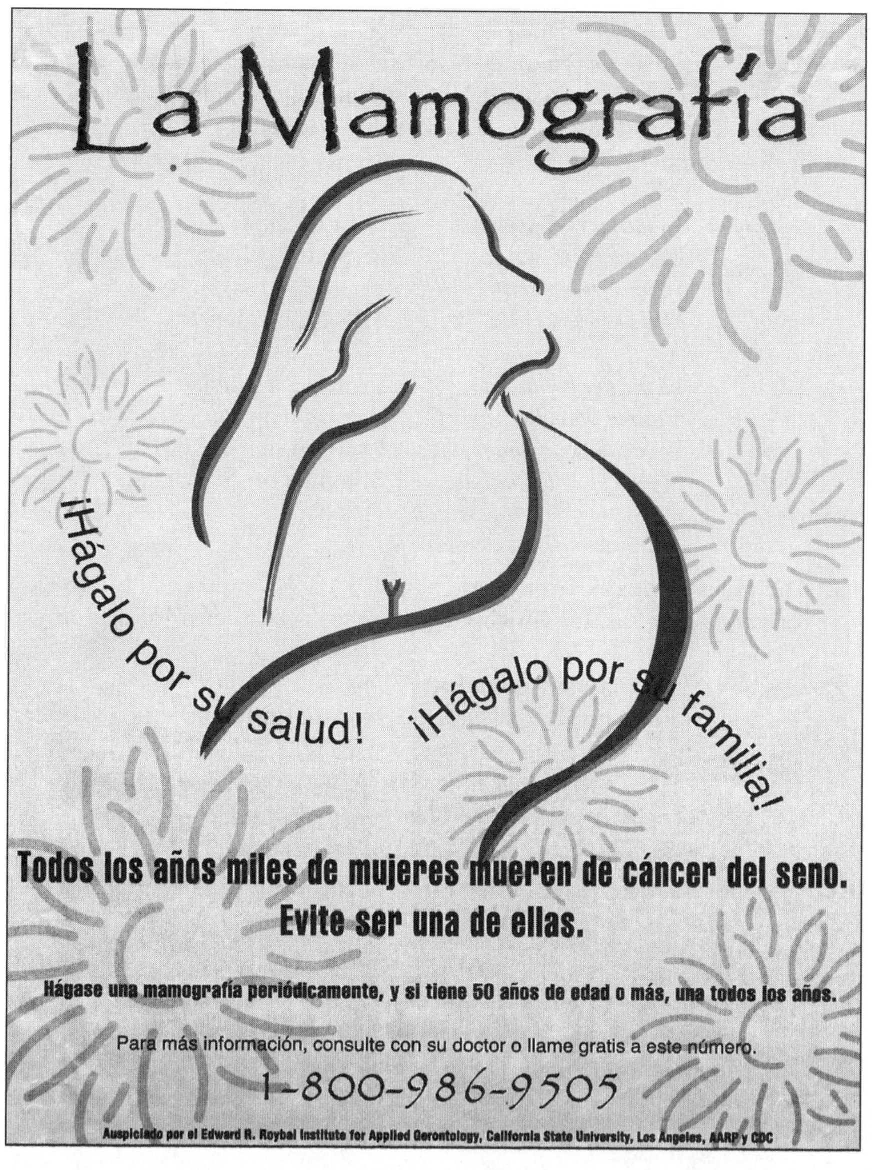

1. Find the reflexive verb construction in the text.

____

2. In this case, *se* is attached. Why?

____

____

____

B. Observe the use of the pronoun *nos* in the following ad.

1. In which sentence is *nos* used nonreflexively?

____

____

2. In which sentence is *nos* used reflexively?

____

____

3. Could the reflexive *nos* be omitted?

Yes ____________ No ____________

Why? ____

____

C. Give Spanish equivalents of the following sentences.

1. I always brush my teeth before showering.

2. Rosita woke up at 7:00, then she woke up the children.

3. Dad usually puts the children to bed.

4. Get up early and don't complain!

5. Mom dresses the children first, then she gets dressed.

D. Answer the following questions in complete Spanish sentences.

1. ¿Prefiere usted bañarse o ducharse?

2. ¿A qué hora se despertó usted esta mañana?

3. ¿Qué se pone usted cuando hace mucho frío?

4. ¿Cuándo fue la última vez que usted se durmió en clase?

5. ¿Por qué se queja usted tanto de su profesor(a) de español?

E. **Write in Spanish about your morning routine. You may use the following verbs or others you know:** ***despertarse, levantarse, afeitarse, ducharse, cepillarse los dientes, desayunar, vestirse, peinarse, irse.***

► Manos a la obra

A. **El nivel de nuestra energía física no es siempre el mismo durante el transcurso del día. Sube a ciertas horas, declina a otras. Averigüe cuáles son sus horas de mayor o menor energía. Obsérvese durante al menos tres días seguidos de acuerdo a la tabla "Medida de energía". La puntuación es la siguiente:**

1. sin energía
2. con poca energía
3. con bastante energía
4. con mucha energía
5. con energía extraordinaria

Lleve a cabo sus observaciones desde la hora en que se levanta hasta la hora en que se acuesta. Luego saque un promedio (*average*) de los tres días y anote los resultados en la tabla. Conecte los puntos para obtener una guía de su ritmo biológico.

Medición de energía

	A.M. 6	7	8	9	10	11	12	P.M. 1	2	3	4	5	6	7	8	9	10
1																	
2																	
3																	
4																	
5																	

B. Ahora que usted ha descubierto su ciclo de energía, ¿qué puede hacer para aprovecharse de sus mejores horas del día? Compare su ciclo con el de otros tres compañeros. ¿Existen semejanzas? ¿Se podría hablar de un ciclo universal? Escriba un párrafo en el que explique sus ideas. No se olvide de organizar el párrafo con una oración tópica y de dar detalles con oraciones de expansión y oraciones restrictivas.

C. Según algunos profesores, los resultados de un curso son mejores si los estudiantes lo toman a las ocho de la mañana que si lo siguen a la una de la tarde. ¿Se puede generalizar o las diferencias se deben a (*are due to*) una pura coincidencia? Junto con un(a) compañero(a) de clase escriba un párrafo para comentar esta idea. Luego presenten sus opiniones al resto de la clase.

D. **Transcurre el año 4992. Nuestros descendientes han colonizado el planeta Marte. Hace ya muchos años lograron descongelar (*they were able to defrost*) el agua atrapada en los casquetes polares (*polar ice caps*), y con la vida vegetal traída de la Tierra (*Earth*) crearon una atmósfera similar a la terrestre. Trabaje con dos compañeros más, y con un poco de fantasía escriban en una hoja adicional un párrafo sobre las actividades de Javier Rojas, estudiante de la Universidad Interplanetaria de Marcinia. Las siguientes ideas y expresiones le pueden ayudar en su trabajo.**

enviar mensaje a la colonia en asteroide D5 / programar los robots / revisar la mininave (*mini-ship*) solar / preparar una comida al antiguo sistema terrestre, etc.

PARA LOS INTERNAUTAS

Vaya a **http://www.wiley.com/college/composicion,** busque la página que corresponde a este capítulo y haga los ejercicios indicados.

MÁS ALLÁ

Comente los siguientes temas con sus compañeros de clase. Luego escoja uno de ellos y escriba sus opiniones al respecto. Organice sus comentarios en un párrafo completo con oración tópica, oraciones de expansión y oraciones restrictivas.

1. Las mujeres, por lo general, trabajan más que los hombres. Muchas tienen que enfrentarse a (*to face*) todas las labores domésticas y también cumplir con las responsabilidades profesionales de sus campos de trabajo. Además, los hombres no siempre ayudan con el cuidado de los hijos. ¿Están ustedes de acuerdo? Expliquen por qué.

2. No se justifica la división de rutinas entre hombres y mujeres. En nuestra sociedad las labores se deben asignar sin consideración de sexo y es buena idea rotar las responsabilidades. En esta forma habrá verdadera justicia y mejor entendimiento entre los dos sexos. ¿Les parece buena idea? Defiendan sus opiniones.
3. La rutina del mundo moderno llena los consultorios de los psicólogos, psiquiatras y médicos en general. La tensión emocional es muy alta. Casi todos los que viven en las grandes ciudades sufren de trastornos (*disorders*) estomacales, problemas cardíacos y alto colesterol. Apenas hay tiempo para comer y relajarse. ¿Qué se puede hacer para aliviar esta situación tan difícil?

En esta página podrá anotar sus ideas respecto a este capítulo o bien referirse a un episodio de su propia vida.

Querido diario:

Capítulo 4

La comida

¡Cada uno de estos platillos mexicanos parece más sabroso que el otro!

Objectives

Upon completion of this chapter you should be able to:

- understand the importance of clarity and precision in your writing
- revise your compositions to make them clearer and more precise
- utilize appropriate vocabulary to write about food, restaurants, eating habits, and nutrition
- use passive voice and appropriate Spanish substitutes for English passive-voice constructions

► Para hablar del tema

VOCABULARIO ESENCIAL

Estudie las siguientes palabras y expresiones. Le pueden resultar útiles para entender el capítulo y escribir sobre la comida, los restaurantes y la nutrición.

Sustantivos

el aceite	*oil*
la aceituna	*olive*
el aguacate / la palta (Argentina)	*avocado*
el ajo	*garlic*
la alimentación	*nutrition*
los alimentos	*food, groceries*
el apio	*celery*
el arroz	*rice*
el azúcar	*sugar*
el camarón	*shrimp*
la carne de res	*beef*
la cebolla	*onion*
el cereal	*cereal*
la cereza	*cherry*
el (la) cocinero(a)	*cook*
el colesterol	*cholesterol*
la comida	*food, meal*
los condimentos	*condiments*
la copa	*wine glass*
la cuchara	*spoon*
el cuchillo	*knife*
la ensalada	*salad*
las especias	*spices*
la frambuesa	*raspberry*
los frijoles / las judías (España)	*beans*
la gastronomía	*art of good eating*
el (la) gastrónomo(a)	*gourmet*
la grasa	*fat*
la harina	*flour*
el helado	*ice cream*
el horno	*oven*
el jamón	*ham*
el jarro	*mug*
la langosta	*lobster*
el libro de cocina	*cookbook*
el limón	*lemon*
la manzana	*apple*

los mariscos	*shellfish*
el menú	*menu*
el (la) mesero(a) / el (la) camarero(a)	*waiter, waitress*
la naranja	*orange*
la nuez	*nut*
la olla	*pot*
la papa / la patata (España)	*potato*
la parrilla	*grill*
el pavo	*turkey*
el perejil	*parsley*
el pescado	*fish*
la pimienta	*pepper*
la piña / el ananá (Argentina)	*pineapple*
el plato	*plate, dish*
el pollo	*chicken*
el postre	*dessert*
el puerco	*pork*
la receta de cocina	*cooking recipe*
la sal	*salt*
la sartén	*frying pan*
la taza	*cup*
el tenedor	*fork*
el tomate	*tomato*
el vaso	*glass*
el (la) vegetariano(a)	*vegetarian*
la zanahoria	*carrot*

Verbos

asar	*to roast, broil*
condimentar	*to season*
freír (i, i)	*to fry*
guisar	*to stir-fry, cook*
hervir (ie, i)	*to boil*
hornear	*to bake*
tener apetito	*to have an appetite*
tostar	*to toast*

Adjetivo

apetitoso(a)	*appetizing*

Expresiones

¡Buen apetito! / ¡Buen provecho!	*Enjoy your meal!*

A. Lea el siguiente texto. Busque las palabras que no conozca en su diccionario.

La dieta y el supermercado

Cuando usted se pone a dieta, el saber qué alimentos comprar es muy importante. Para ayudarle, tiene usted aquí tres consejos fundamentales para su viaje al supermercado:

1. Redefina su concepto de lo que es «una comida completa». Un buen sándwich puede contener una alimentación satisfactoria.
2. Nada es prohibido en cantidades limitadas.
3. Lea las etiquetas° con cuidado. Hay platos que se anuncian como de bajas calorías, pero que contienen un alto porcentaje de grasa. **labels**

Además, tenga presente la siguiente información al pasearse por esos laberintos traicioneros de su tienda de comestibles:

Sección de productos lácteos

1. La leche descremada es buena con el café, el té o los cereales del desayuno.
2. El yogur de dieta es un excelente substituto de los aderezos° para ensalada, y también lo puede agregar a las papas asadas. **dresssings**
3. Con el queso mozzarella, de bajo contenido graso, puede hacer una exquisita pizza vegetariana.

Sección de frutas y verduras

1. Usted puede usar todas las frutas y verduras frescas en ensaladas o hervidas como plato principal.
2. Añada legumbres congeladas a las sopas y frituras en caldo de pollo, o sírvalas con arroz.

Sección de carnes, aves y mariscos

1. Con dos claras° y una yema° se hace una gran tortilla°, y le puede agregar verduras frescas o congeladas°. Evite el exceso de yemas y reduzca así el contenido de colesterol. **egg whites/ yolk/ omelette/ frozen**
2. Las pechugas de pollo deshuesadas° son excelentes para agregar a ensaladas y verduras cocidas. **boneless**
3. Compre el atún y el salmón enlatados° en agua, no en aceite. Los puede comer en sándwiches para el almuerzo o con arroz y una ensalada para la cena. **canned**

Sección de panes y granos

Ponga en su canasta° pan o galletas de trigo integral, panecillos horneados° sin grasa y pastas frescas. Los supermercados modernos generalmente tienen una sección dietética. Búsquela. Se sorprenderá del buen sabor de estos productos. **basket** **baked**

Sección de condimentos y aderezos

Las principales marcas de aderezos y aliños° tienen toda una gama de productos sin grasa y de bajo contenido calórico. En general, estos sustitutos tienen agradable sabor. **seasonings**

Ya ve, perder esas libras de más y sentirse mejor física y mentalmente no tiene que ser una tortura. Siga usted los consejos básicos cuando vaya al supermercado, y muy pronto tendrá resultados satisfactorios.

B. Conteste las preguntas sobre la información del Ejercicio A.

1. ¿Cuáles son los tres consejos fundamentales para quien visita un supermercado y está a dieta?

___

___

___

___

2. ¿Ha usado usted alguna vez la leche descremada o sin grasa? ¿Cómo podría emplearla una persona que está a dieta?

___

___

3. ¿Qué ingredientes se podrían usar para preparar una perfecta pizza vegetariana?

4. En México y Centroamérica, una tortilla está hecha de maíz o harina. En otras partes de Latinoamérica y en España una tortilla es un platillo diferente. ¿En qué consiste una tortilla española?

5. Usted ha invitado a almorzar a un(a) amigo(a) que está a dieta. ¿Qué le podría ofrecer?

C. Ahora haga una lista de las palabras del Ejercicio A que usted no conocía. Añada otras expresiones que considere útiles para escribir sobre la comida, los restaurantes y la nutrición en general. Si es necesario, busque su significado en el diccionario.

VOCABULARIO CLAVE

Las palabras de esta sección son de uso muy frecuente. Estúdielas y apréndalas. Le ayudarán en sus trabajos de redacción.

es decir *that is to say*

Su gracia consiste en la anfibología, **es decir**, el doble sentido.

ambos(as) *both*

Ambas ideas son buenas.

estar de acuerdo *to agree*

Estoy de acuerdo con la expresión: «Usted es lo que come».

Análisis de la claridad en la composición

Lea la siguiente adivinanza (*riddle*) y trate de descubrir la solución.

Oro no es.
Plata no es.
Si lees con cuidado,
sabrás qué es.
¿Qué es? ____________________ (solución al final de la página)

La anterior es una adivinanza bien conocida por muchos latinoamericanos. Su gracia consiste en la anfibología, es decir, el doble sentido.

Cuando se escribe, es de gran importancia revisar el trabajo para que éste no sea una adivinanza que el lector tenga que descifrar. Como se dijo en el capítulo anterior, hay dos tipos de escritura: una vaga y confusa que se hace para uno mismo y otra clara y lógica que se presenta a un lector. Ambas juegan un papel importante en el proceso de la composición. Muchas veces se debe dejar que las ideas fluyan de la mente sin prestar gran atención a la forma. Sin embargo, una vez completada la sección o párrafo, es indispensable volver a lo escrito y corregir fallas (*faults*) lógicas, léxicas, gramaticales u ortográficas. Lea en voz alta su trabajo como si lo hubiera escrito otra persona. Esta es una práctica que le ayudará a mejorar mucho su labor.

Esta sección empezó con una adivinanza. Lea ahora el siguiente párrafo y compare la claridad del párrafo con la de la adivinanza.

Es un utensilio de cocina. Puede estar hecho de hierro° o de aluminio. Es circular, más ancho que hondo°, de fondo° plano y con un mango° largo. A veces la superficie interna está recubierta de una capa de teflón. Sirve para freír, tostar o guisar los alimentos.
¿Qué es? ____________________ (solución al final de la página)

iron
deep/
bottom/
handle

(Solución #1: el plátano, Solución #2: la sartén)

La claridad de una composición depende en mucho de una estructura lógica y de una forma léxica y gramatical correcta. Es posible que algunos escritores con mucha experiencia produzcan prosa clara sin necesidad de mucho esfuerzo. El neófito, por lo contrario, debe adherirse a la práctica de revisar su trabajo y de establecer un plan que le permita seguir un desarrollo lógico.

Esto no implica que el estudiante se vea obligado a preparar un bosquejo (*outline*) formal **antes** de empezar a escribir. Recuerde que se había hablado de una prosa íntima en la cual se vierten (*spill out*) las ideas sin preocupaciones formales. Este es el primer paso.

En el segundo, se debe establecer el plan para desarrollar con claridad las ideas de la composición. No espere que su profesor o profesora le haga las correcciones. Descubra usted mismo los problemas. Aquí tiene una lista que le ayudará en sus trabajos de redacción (*editing*). Consúltela siempre antes de entregar la copia final.

LISTA DE REVISIÓN

Fallas lógicas

	Sí	*No*
1. ¿Tiene el párrafo más de una idea principal?	_____	_____
2. ¿Está la idea central claramente expresada?	_____	_____
3. ¿Desarrollan las oraciones del párrafo la idea principal?	_____	_____
4. ¿Hay oraciones que introducen información no relacionada con la idea principal?	_____	_____
5. ¿Ha dado usted suficientes detalles y ejemplos para ilustrar la idea central del párrafo?	_____	_____
6. ¿Hay repetición innecesaria de ideas, información o ejemplos?	_____	_____

Fallas gramaticales

	Sí	*No*
1. ¿Hay cambios innecesarios de tiempos verbales?	_____	_____
2. ¿Hay cambios injustificados de persona?	_____	_____
3. ¿Hay errores de concordancia (*agreement*)? (sustantivo / adjetivo, sujeto / verbo)	_____	_____
4. ¿Hay errores en el uso de:		
a. los pronombres?	_____	_____
b. el subjuntivo y el indicativo?	_____	_____
c. el pretérito y el imperfecto?	_____	_____
d. la voz pasiva?	_____	_____

Fallas léxicas

	Sí	*No*
1. ¿Escogió usted la palabra que mejor expresa su idea? ¿La buscó en el diccionario de lengua española?	_____	_____

	Sí	No
2. ¿Repitió sin necesidad la misma palabra?	_____	_____
¿Buscó un sinónimo?	_____	_____
3. ¿Hizo una traducción literal de expresiones idiomáticas del inglés?	_____	_____
4. ¿Se ajusta el vocabulario al tono y al nivel de la composición? (uso injustificado de coloquialismos, clichés, etc.)	_____	_____

Fallas ortográficas y de puntuación

	Sí	*No*
1. ¿Revisó la ortografía?	_____	_____
2. ¿Revisó el uso de las tildes (los acentos escritos)?	_____	_____
3. ¿Revisó la puntuación de cada oración?	_____	_____

▶ Para escribir mejor

CÓMO REVISAR UN PÁRRAFO

A. Lea cuidadosamente el siguiente texto. Busque en el diccionario las palabras que usted no conozca.

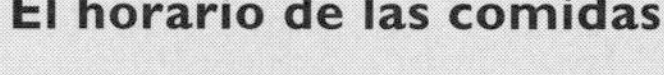

El horario de las comidas

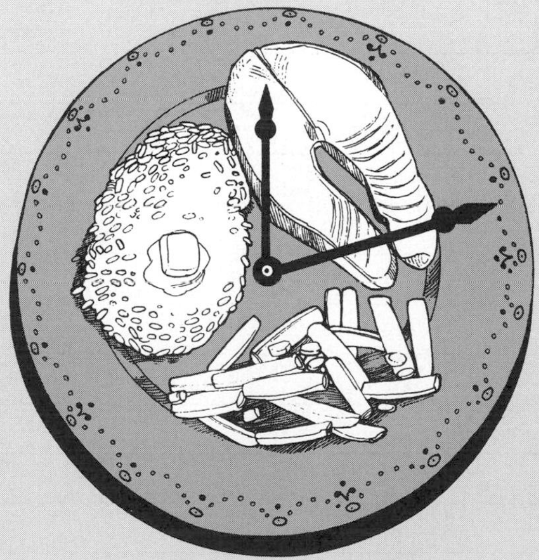

No todos los pueblos tienen las mismas tradiciones culinarias, ni el mismo horario de comidas. Lo que le parece obvio a un estadounidense promedio puede resultarle extraño o absurdo a un habitante de otra sección del planeta.

México es un caso interesante. Allí se funden° las costumbres de una sociedad rural mestiza con las exigencias° de un mundo moderno en constante agitación. En el campo el desayuno es una comida ligera que se toma en las primeras horas del día. Consiste básicamente en un trozo de pan y una bebida, generalmente café. A mitad de la mañana viene el almuerzo —una comida más fortificante de huevos, tortillas y frijoles, por ejemplo. Es, en verdad, una excelente fuente de energía para las arduas labores agrícolas. Como en muchas otras zonas rurales del mundo, la comida principal del día se hace entre las dos y las tres de la tarde. Se le denomina «comida», y consiste en una serie variada de platos. En las últimas horas de la tarde, algunos mexicanos meriendan. La merienda es ligera. Finalmente, después de la puesta del sol°, se sirve la cena, también ligera.

combine / **demands** / **sunset**

Hoy en las ciudades, las costumbres han variado. Los oficinistas no siempre tienen tiempo para almorzar y se contentan con una taza de café. La «comida» es más liviana° y sin siesta, y muchos mexicanos se ven obligados a cenar en restaurantes después del trabajo. El progreso, para bien o para mal, universaliza hasta la forma de comer.

light

OBSERVE... el uso de la preposición **en** en la expresión "*...y consiste* ***en*** *una serie variada de platos.*"

B. Escriba usted ahora un párrafo semejante que describa sus propias comidas y el horario de las mismas.

___

___

___

___

___

___

___

___

___

___

___

___

___

___

___

C. Ahora relea lo que escribió. ¿Hay fallas lógicas, gramaticales, léxicas, de ortografía o de puntuación? Use la lista de revisión de las páginas 80–81 y haga las correciones necesarias.

D. Después de revisar su trabajo, intercámbielo con un(a) compañero(a). ¿Qué ideas tiene para mejorar el trabajo de su compañero(a)?

Estructuras en acción

PASSIVE VOICE VERSUS ACTIVE VOICE

In active voice constructions, the subject is the **doer** of the action. In the passive voice the subject **receives** the action (is acted upon). Observe the difference:

active: Fernando **prepared** the meal.
*Fernando **preparó** la comida.*

passive: The meal **was prepared** by Fernando.
*La comida **fue preparada** por Fernando.*

True passive voice in Spanish uses the verb *ser* plus the past participle (*-do*), which must agree with the subject in gender and number. The agent of the action (almost always mentioned or implied) is normally introduced by *por.*

Although the true passive (***ser*** + **past participle** + **agent introduced by *por***) does exist in Spanish, it is used far less frequently than in English. Often seen in written Spanish (in journalism and formal pieces), it is usually replaced in everyday conversation by the active voice or by a passive voice substitute.

PASSIVE VOICE SUBSTITUTES

1. When the agent of an action is not expressed, is unknown, or is simply considered unimportant, a Spanish *se* construction often replaces the English passive voice. The verb agrees with the subject.

Examples: Dessert **was served** in the garden.
***Se sirvió** el postre en el jardín.*

Where **was** the bread **bought**?
*¿Dónde **se compró** el pan?*

The vegetables **were prepared** ahead of time.
***Se prepararon** las verduras de antemano.*

Jaime **was named** "chef of the year."
***Se nombró** a Jaime «cocinero del año».*

2. The indefinite third-person plural frequently substitutes for the passive voice when the agent is not indicated. The subject (they) is **impersonal**, and does not refer to anyone in particular.

   Examples: Dessert **was served** in the garden.
   ***Sirvieron** el postre en el jardín.*

   Where **was** the bread **bought**?
   *¿Dónde **compraron** el pan?*

   The vegetables **were prepared** ahead of time.
   ***Prepararon** las verduras de antemano.*

   Jaime **was named** "chef of the year."
   ***Nombraron** a Jaime «cocinero del año».*

3. Some English passive voice constructions would be considered especially awkward (sometimes ungrammatical) rendered into the Spanish passive voice, even when the agent is mentioned.

   Examples: **I was given** milk.
   ***Me dieron** leche.*
   ***Se me dio** leche.* (less common)

   I was given milk by the waiter.
   ***Me dio** leche el camarero.*

   The girls **were seen** at La Frambuesa.
   ***Vieron** a las chicas en La Frambuesa.*

   The recipe **will be given to me**.
   ***Me darán** la receta.*

   The recipe **will be given to me** by Mom.
   *Mamá **me dará** la receta.*

   We are served a Spanish omelette.
   ***Nos sirven** una tortilla española.*

4. When the verb indicates a **state or condition** (rather than an **action**), Spanish does not use passive voice or a passive voice substitute. Instead, the verb ***estar*** is used with the past participle.

   Examples: The meal **was prepared** by the cook. (true passive voice)
   *La comida **fue preparada** por la cocinera.*

   but

   The meal **is** well **prepared**. (condition or state)
   *La comida **está** bien **preparada**.*

Do not overuse the passive voice in Spanish. Either an equivalent active voice construction or a passive substitute is preferred.

EXERCISES

A. Reread carefully «El horario de las comidas» on pages 81–82. Then find the Spanish passive voice *substitutes* for the following English passive voice constructions and write them below.

1. ...the customs of a rural mestizo society are fused with the demands of a modern world...

   ____

   ____

2. ...breakfast is a light meal that is eaten early in the day.

   ____

   ____

3. ...the main meal of the day is eaten between 2:00 and 3:00 P.M.

   ____

   ____

4. It is called "comida"...

   ____

   ____

5. ...after sunset, dinner is served...

   ____

   ____

B. Rephrase the sentences, following the examples.

Examples: Se compró el pescado a buen precio.
Compraron el pescado a buen precio.

El pescado fue vendido.
Se vendió el pescado.

Compraron el pescado.
Se compró el pescado.

1. Los entremeses fueron preparados por Enrique, y se sirvieron antes de la comida.

   ____

   ____

   ____

2. En algunos países se almuerza al mediodía; en otros a las dos o a las tres de la tarde.

____

____

____

3. La receta fue creada por un famoso cocinero cubano.

____

____

____

4. Sirvieron la comida rápidamente.

____

____

____

5. Allí hacen un pastel de frambuesa delicioso.

____

____

____

C. Write two Spanish passive voice *substitutes* for each of the following English passive voice constructions.

Examples: Guests are served quickly and courteously.
Se les sirve rápida y cortésmente a los comensales.
Les sirven rápida y cortésmente a los comensales.

Paella is served there.
Allí se sirve paella.
Allí sirven paella.

1. The meat was purchased at the butcher shop.

____

____

2. Where are fresh fruits sold?

____

____

3. Helia was named "waitress of the month."

____

____

4. Breakfast is sometimes served in the dining room.

____

____

5. That dish is made with beans and cheese.

____

____

D. Your Peruvian friend Matilde has all the ingredients for a Spanish omelette, but she doesn't know how to prepare it. Using a *se* construction, tell her in Spanish that...

1. First, the eggs are beaten. (*batir* – to beat)

____

____

2. Next, the onions and potatoes are sliced. (*rebanar* – to slice)

____

____

3. Then, the skillet is heated. (*calentar (ie)* – to heat)

____

____

4. The onions and potatoes are fried in a little oil.

____

____

5. Now, the eggs are put into the skillet.

____

____

6. Finally, salt and pepper are added. (*agregar* – to add)

____

____

► Manos a la obra

A. Lea la siguiente crítica sobre el restaurante «La Frambuesa». Busque y estudie las palabras que no conozca.

La Frambuesa

Manteles° de color frambuesa, paredes de un rosado encendido°, salsa de frambuesa con el paté y el pato, postres de frambuesa. «La Frambuesa» le hace honor al nombre tanto visual como gastronómicamente.

tablecloths/
hot pink

Aquí se ha creado un ambiente elegante, sofisticado. Grandes espejos, amplios sillones negros, tenues° luces indirectas y palmas en maceteras° de terracota hacen de este restaurante un lugar para escapar del trajín° diario.

Hay que felicitar al cocinero por su creatividad y excelentes dotes°. Los entremeses° incluyen un magnífico paté de la casa y berenjenas° con aderezo de anchoas, aceite, vinagre y albahaca°. Se ofrecen también caracoles° en salsa de ajo y raviolis rellenos con hongos° en una salsa ligera de pimientos morrones° y crema.

El menú tiene cuatro platos de pescado: un delicioso salmón hervido con salsa de mantequilla, hinojo° y albahaca ($17,50); pez espada°; atún; lenguado° con una salsa de vino blanco, crema y alcaparras° ($19,75). Siguiendo el tema del restaurante, el pato asado lleva una sabrosa salsa de frambuesas. Los carnívoros pueden disfrutar del solomillo° de res al coñac y pimienta negra, ternera° en vino tinto con setas° y cordero° asado ($18,75).

La sección de postres ofrece tartas de frambuesa, fresas o manzana, flan y pastel de chocolate. Los amantes del vino tienen una amplia lista de la cual escoger.

El servicio es rápido y el personal cordial. Se aceptan las tarjetas de crédito MasterCard, Visa y Amerocar. «La Frambuesa» está en el número 2134 de la avenida Marvista, entre las calles Primera y Salto. Necesita hacer su reservación al teléfono 2-34-67-95. El restaurante está abierto todos los días de las trece a las quince horas para el almuerzo y de las diecisiete a las veintitrés horas treinta para la cena.

soft
pots
hubbub
gifts
appetizers/ eggplant/ basil/snails/ mushrooms/ sweet red peppers
fennel/ swordfish/ sole/capers
sirloin
veal/type of mushroom/ lamb

OBSERVE... el uso de la preposición **a** en la expresión "...*solomillo de res* ***al*** *coñac*...".

B. Escriba ahora usted una crítica sobre su restaurante preferido. Comience por una descripción del lugar. Luego hable de los platos que se ofrecen y del precio promedio de los mismos. Dé también información sobre dirección, teléfono, horario, tarjetas de crédito que se aceptan, etc. Use sustitutos de la voz pasiva cuando pueda y revise posibles errores de lógica, de gramática y de vocabulario según la lista de las páginas 80–81.

____

____

____

____

____

____

____

____

____

C. La clase de español organiza una comida. Participe con su receta de cocina favorita. Escríbala en una hoja adicional y recuerde que debe ser preciso(a). Primero presente los ingredientes en el orden en que se van a usar bajo el título «Ingredientes». Luego, bajo el título «Preparación», explique el proceso paso por paso. Revise su trabajo y no olvide usar sustitutos de la voz pasiva.

PARA LOS INTERNAUTAS

Vaya a **http://www.wiley/college/composicion,** busque la página que corresponde a este capítulo y haga los ejercicios indicados.

MÁS ALLÁ

Comente los siguientes temas con sus compañeros de clase. Luego escoja uno de ellos y escriba sus opiniones al respecto. No se olvide de revisar su composición para que sea clara.

1. Los regímenes alimenticios pueden causar serios trastornos somáticos (*physical*) y psicológicos. Hay muchas personas que viven siguiendo dietas sin control médico con la esperanza de alcanzar la figura perfecta. Sin embargo, terminan con más peso, enfermas y deprimidas (*depressed*). ¿Qué tipos de dietas conocen ustedes? ¿Hay alguna que sea mejor? ¿Existe una solución buena para controlar el sobrepeso?
2. A menudo se escucha el refrán: «Usted es lo que come». ¿Cuáles son las implicaciones de este dicho? ¿Están ustedes de acuerdo? ¿Por qué sí o no?
3. La mayoría de los humanos somos omnívoros. Una minoría creciente piensa que una dieta vegetariana es mejor. Hagan dos columnas de pros y contras para ambas posiciones. Luego voten entre ustedes y decidan qué dieta es mejor. Expliquen sus razones.

En esta página podrá anotar sus ideas respecto a este capítulo o bien referirse a un episodio de su propia vida.

Querido diario:

Capítulo 5

¡Un buen anuncio publicitario!

Bastan unas pocas palabras bien escogidas para que un anuncio atraiga al lector.

Objectives

Upon completion of this chapter you should be able to:

- read and analyze advertisements
- utilize appropriate vocabulary to write about advertising
- use formal and informal commands
- create advertisements and slogans for various products

► Para hablar del tema

VOCABULARIO ESENCIAL

Estudie las siguientes palabras y expresiones. Le pueden resultar útiles para entender el capítulo y escribir sobre los anuncios publicitarios.

Sustantivos

el ahorro — *savings*
el anuncio — *ad*
la censura — *censorship*
el concesionario — *franchise*
el descuento — *discount*
la ganga — *bargain*
la gran rebaja — *great sale*
el lema — *slogan*
la marca — *brand name, make, mark*
el nivel — *level*
la oferta especial — *special offer*
la oferta limitada — *limited offer*
el premio — *prize, reward*
la publicidad — *advertising*
el sabor — *flavor*
los seres queridos — *loved ones*
el servicio a domicilio — *home delivery*
el sorteo — *raffle*

Verbos

ahorrar — *to save*
alquilar — *to rent*
confiar — *to entrust, trust*
disfrutar — *to enjoy*
dominar — *to control, dominate*
juzgar — *to judge*
respaldar — *to back*

Adjetivos

confiable — *trustworthy*
grato(a) — *pleasant*
gratuito(a) — *free*
sobresaliente — *outstanding*

Expresiones

en pagos cómodos — *easy financing*
los mejores precios — *the best prices*
los precios más bajos — *the lowest prices*

Satisfacción garantizada o le devolvemos su dinero. — *Satisfaction guaranteed or your money back.*
sin pago inicial, sin enganche — *no down payment*
Usted merece lo mejor. — *You deserve the best.*

A. Lea el siguiente anuncio y haga el ejercicio B.

La vida está llena de gratas situaciones y de seres queridos que no deseamos olvidar. Conservar viva la vida es muy fácil con una HANDYCAM Video 8 de Sony: Usted escoge el tema y simplemente oprime un botón. Lo demás — foco, exposición, balance de blancos, nivel de sonido y el resto de las cosas con las que usted no se quiere complicar — la cámara las ajusta automáticamente.

Grabe hasta 2 horas continuas en un solo videocassette. Para verlas de nuevo basta conectar su cámara a cualquier televisor. Así de fácil es usar una HANDYCAM TRAVELER: pequeña, liviana y sencilla de manejar.

¿Por qué conformarse con sólo un instante de los recuerdos? ¡Guárdelos completos y para siempre con una HANDYCAM!

SONY®

2 HORAS

Handycam
Video 8

Traveler CCD - TR75
Sonido stereo HiFi Zoom 8X

...sus ojos, sus oídos, su memoria

Grabe ... ***Record***

B. Conteste las siguientes preguntas sobre el anuncio.

1. ¿A quién se dirige el anuncio? ¿A la clase media, a una clase adinerada (*wealthy*), a estudiantes?

____

2. ¿En qué se basa su opinión?

____

____

____

C. Ahora haga una lista de otras palabras del Ejercicio A que usted no conocía. Añada otras expresiones que considere útiles para escribir su propio anuncio o para hablar de la publicidad. Si es necesario, busque esos términos en el diccionario.

__________ __________ __________

__________ __________ __________

VOCABULARIO CLAVE

Las palabras de esta sección son de uso muy frecuente. Estúdielas y apréndalas. Le ayudarán en sus trabajos de readacción.

ahora bien *now then*

Ahora bien, el polo es un deporte practicado por las clases adineradas.

al comienzo *at the beginning*

Al comienzo del anuncio se puede usar un juego de palabras.

luego *then, afterwards*

Luego se pueden mencionar las ventajas del producto.

► Análisis de anuncios

La población hispana de los Estados Unidos y los países de habla española en general adquieren cada día más importancia. Muchas compañías norteamericanas están interesadas en la creación de anuncios para atraer ese mercado. Los mensajes comerciales ya no son una simple copia de los producidos en inglés. Las diferencias culturales y lingüísticas exigen un texto original para el público hispanohablante (*Spanish-speaking*). En un mundo en el que la publicidad es una parte inevitable de la vida profesional y personal, es muy importante saber juzgar y utilizar el lenguaje de un buen anuncio. El tipo de redacción que se presenta en este capítulo ofrece oportunidades para adquirir estas destrezas (*skills*).

Antes de escribir un buen anuncio publicitario es importante contestar cinco preguntas fundamentales:

1. ¿Dónde aparecerá el anuncio? ¿En una revista, una cartelera (*billboard*), un periódico, etc.?

2. ¿A quién se dirige la publicación? ¿A un grupo específico o al público en general?
3. ¿Cuál es el propósito del anuncio?
4. ¿Qué tipo de información se debe incluir?
5. ¿Debe dirigirse a las emociones del lector o a la razón y a la lógica?

Una vez obtenidos estos datos (*facts, data*), el paso siguiente es hacer un bosquejo. Lo esencial es llamar la atención del lector. Las estrategias pueden ser pictóricas o lingüísticas. A veces las leyes gramaticales y la puntuación se rompen para despertar el interés del lector. Los juegos de palabras son también comunes.

Cronos

Para empezar, imagine usted que la compañía Cronos, productora de cronómetros (relojes muy precisos), necesita un anuncio para las revistas en español con circulación nacional e internacional. El anuncio se dirigirá a un público de clase media alta o de clase adinerada. Ahora hay que responder a las cinco preguntas fundamentales. Una vez que se obtiene la información, es necesario pensar cómo introducir el cronómetro al mercado en una forma convincente e interesante.

A. Antes de continuar, haga una lista de adjetivos que, en su opinión, sean apropiados para describir un cronómetro.

______________________ ______________________

______________________ ______________________

______________________ ______________________

Claro, la palabra **precisión**, esencia de un cronómetro, debe incluirse en el anuncio. Ahora bien, el polo, un deporte practicado por una clase adinerada, puede ser un buen medio para promover la venta de los relojes Cronos. Se debe establecer una relación entre el reloj y los campeones del deporte. En la primera línea se puede incluir la palabra **precisión** junto con otras que sugieran esta relación. Tal vez sea buena idea usar sólo mayúsculas (*capital letters*) y poner un punto (*period*) después de cada palabra para obligar al lector a hacer una pausa. Los vocablos **control** y **habilidad** podrían ser agregados también. Las palabras más importantes de la lista son **Cronos** y su característica intrínseca: la **precisión**. En una lista el primer y el último elemento son los más fáciles de recordar. Se escoge, pues, **precisión** como la primera palabra y **Cronos** como la última. Esta elección no es arbitraria. Poner el nombre de la marca (*brand name*) al final de la enumeración también sugiere que este término representa un resumen de las ideas anteriores. Luego se dirá que los campeones del polo requieren precisión, habilidad y dominio del tiempo y que los relojes Cronos ofrecen estas características también. Después de escribir estas ideas, es hora de hacer las últimas correcciones de ortografía, gramática, puntuación y estilo. Vea usted el resultado:

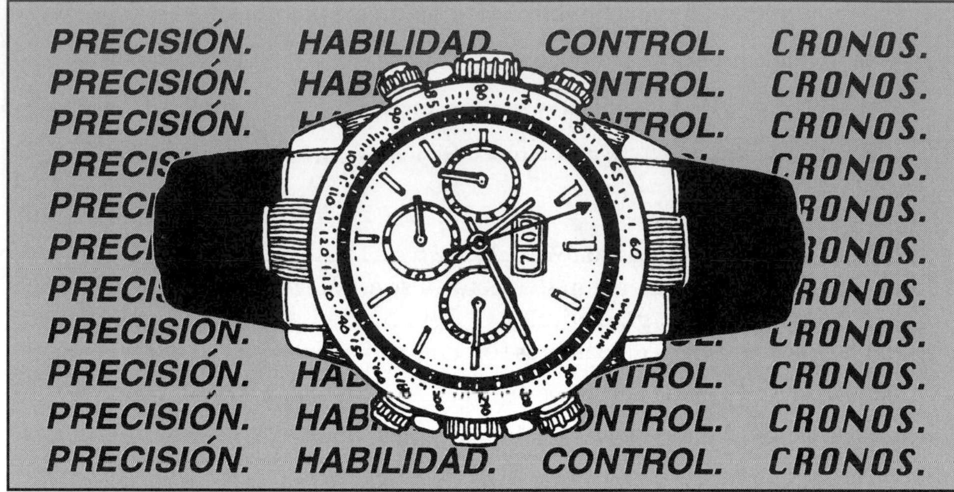

En el mundo del polo, hay ciertas características que distinguen a los auténticos campeones.

Precisión. Habilidad. Dominio del tiempo.

Características compartidas por cada uno de los relojes Cronos.

Por eso, no es de extrañar que tantos líderes del deporte confíen a los expertos el control perfecto del tiempo. Su concesionario Cronos tiene el cronómetro que usted necesita.
Todos nuestros productos vienen respaldados por el sello de Cronos: relojería de gran tradición y solidez.

B. Relea el anuncio de Cronos y luego conteste las siguientes preguntas.

1. ¿Cuáles son las características que distinguen a los campeones del polo?

____

____

2. ¿Por qué confían los deportistas en los relojes Cronos?

____

____

3. ¿Qué simboliza la marca «Cronos»?

____

____

Aerolíneas El Quetzal

El siguiente anuncio va a aparecer en todos los diarios (*newpapers*) del país. El objetivo es convencer al público en general que Aerolíneas El Quetzal es diferente y superior.

C. Mencione usted tres servicios que le debe ofrecer una línea aérea al viajero.

1. ___

2. ___

3. ___

Al comienzo del anuncio, por ejemplo, usted puede usar un juego de palabras. El vocablo **mundo**, con varias interpretaciones, se presta (*lends itself*) a ese objetivo. Lo puede usar dos o tres veces con diferentes significados en la primera parte. Podría decir que El Quetzal es la línea favorita del mundo, luego que es el club más exclusivo del mundo y finalmente que incluye un verdadero mundo —enorme variedad. También podría dedicar un párrafo por completo a enumerar las condiciones que casi todos desean disfrutar durante un viaje.

Se usará un orden cronológico en la presentación del párrafo. Se empezará por el momento del registro del equipaje, se continuará con el tipo de asiento, se podría mencionar luego un periódico, quizá un refresco y posteriormente la comida. Se terminará asegurando al posible viajero que sus más insignificantes caprichos (*whims*) serán obedecidos. La última etapa del trabajo serán las correcciones necesarias. Observe ahora el resultado final:

EL QUETZAL

LA LÍNEA AÉREA FAVORITA DEL MUNDO
EN EL CLUB MÁS EXCLUSIVO DEL MUNDO LOS PRECIOS INCLUYEN «TODO UN MUNDO»

Ninguna otra línea aérea le ofrece una clase como la «Club», con el registro de equipaje más rápido, el asiento más tranquilo, el periódico más reciente, las bebidas mas variadas, una cocina gastronómica y el servicio más atento a los menores caprichos de viajero.

Le ofrecemos vuelos diarios de San Fermín a Islas Blancas a las 13:30 h. (con llegada a las 14:35 h.) y de Islas Biancas a San Fermín a las 9:30 h. (con llegada a las 10:35 h.).

Infórmese en su agencia de viajes o en nuestra oficina más cercana.

D. Relea el anuncio anterior y conteste las siguientes preguntas.

1. ¿Qué le ofrece la clase «Club»?

___

___

2. ¿Dónde puede usted encontrar información sobre vuelos y horarios?

___

___

Estos detalles de redacción, aunque están basados en los anuncios comerciales, son aplicables a todo tipo de composición. El escritor debe escoger las palabras con cuidado para crear un efecto especial, evocar sentimientos o tal vez convencer o divertir al lector.

► Para escribir mejor

CÓMO CREAR UN LEMA

Los anuncios intentan persuadir al público por medio de diversas estrategias. Pueden dirigirse a la razón o a las emociones del lector. Pueden dar muchos detalles sobre el producto o crear sólo una imagen general de sus beneficios. Lo importante es comunicar un mensaje breve y específico en pocas palabras, fáciles de recordar. Éste es el **lema**.

A. He aquí algunos ejemplos en español de lemas famosos en los Estados Unidos. ¿Puede usted encontrar el equivalente en inglés?

1. Has avanzado mucho, mujer.

___

2. No salgas de casa sin ella.

___

3. Es la verdadera cosa.

___

4. ¡Está para chuparse los dedos!

___

B. Ahora le toca a usted. Escriba un lema en español para cada uno de los productos que siguen. Recuerde, hay que decidir a quién se va a dirigir el anuncio y presentarle el mensaje a este grupo de forma breve y atractiva.

Frugo

Es un jugo de frutas sin azúcar pero lleno de vitaminas, minerales y fibra. Es bajo en calorías y un poco más caro que los otros jugos de frutas. No es delicioso, pero es excelente para la salud.

1. lema: ______________________________

____

Tócame

Es un radio que es muy barato y que se tira después de usarlo por más de 100 horas. Es tan pequeño que cabe (*fits*) en la oreja.

2. lema: ______________________________

____

Superjefe

Es un reloj que incorpora un «beeper», una calculadora, un televisor, un radio y un teléfono pequeñísimo. Es muy caro y tiene una distribución limitada.

3. lema: ______________________________

____

Tarjeta Esnob

Es una tarjeta de crédito que le permite al dueño o dueña entrar en clubes muy exclusivos, ir al frente de la cola (*line*) y recibir un descuento cada vez que la usa para alquilar una limosina.

4. lema: ______________________________

____

► Estructuras en acción

COMMANDS

Since ads generally attempt to persuade an audience, they very often use the command or imperative form of verbs.

Formal Commands

Formal or **polite** (*Ud., Uds.*) COMMANDS, both affirmative and negative, use the **present subjunctive tense**.

comprar	*Compre (Ud.).*	Buy.	*No compre.*	Don't buy.
	Compren (Uds.).	Buy.	*No compren.*	Don't buy.

pensar	*Piense (Ud.).*	Think.	*No piense.*	Don't think.
	Piensen (Uds.).	Think.	*No piensen.*	Don't think.
salir	*Salga (Ud.).*	Leave.	*No salga.*	Don't leave.
	Salgan (Uds.).	Leave.	*No salgan.*	Don't leave.

Informal Commands

Informal or **familiar** (*tú, vosotros*) **COMMANDS** are formed in the following way:

1. **Affirmative** *tú* commands of most verbs use the third-person singular of the **present indicative tense**.

comprar	*Compra (tú).*	Buy.
escribir	*Escribe (tú).*	Write.

2. **Affirmative** *tú* commands of a few common verbs are **irregular**.

decir	*Di.*	Tell. / Say.	**salir**	*Sal.*	Leave.
hacer	*Haz.*	Do. / Make.	**ser**	Sé.	Be.
ir	*Ve.*	Go.	**tener**	*Ten.*	Have.
poner	*Pon.*	Put.	**venir**	*Ven.*	Come.

3. **Negative** *tú* commands always use **the present subjunctive**.

comprar	*No compres.*	Don't buy.
escribir	*No escribas.*	Don't write.
decir	*No digas.*	Don't say / tell.
hacer	*No hagas.*	Don't do / make.
ir	*No vayas.*	Don't go.
tener	*No tengas.*	Don't have.

4. The **familiar plural** (*vosotros*) command is used in Spain but not in most of Latin America. The **affirmative** is formed by changing the final ***-r*** of the infinitive to a ***-d***.

comprar	*Comprad.*	Buy.
comer	*Comed.*	Eat.
escribir	*Escribid.*	Write.

5. The **negative** (*vosotros*) command always uses the **present subjuntive**.

comprar	*No compréis.*	Don't buy.
comer	*No comáis.*	Don't eat.
escribir	*No escribáis.*	Don't write.

Placement of Object Pronouns in Commands

Object pronouns (direct, indirect, and reflexive) are **attached** to **affirmative commands**. Note the use of the written accent.

Dígamelo (Ud.).	Tell it to me.
Dímelo (tú).	Tell it to me.
Decídmelo (vosotros).	Tell it to me.
Siéntese (Ud.).	Sit down.
Siéntate (tú).	Sit down.
Sentaos (vosotros).	Sit down. (The **-d** disappears in the reflexive construction.)

Object pronouns, however, **precede negative commands**.

No me lo diga (Ud.).	Don't tell me (it).
No me lo digas (tú).	Don't tell me (it).
No me lo digáis (vosotros).	Don't tell me (it).
No se sienten (Uds.).	Don't sit down.
No te sientes (tú).	Don't sit down.
No os sentéis (vosotros).	Don't sit down.

Observe the use of **formal commands** in the Handycam ad on page 95 (*Grabe, ¡Guárdelos ...!*) and in the El Quetzal ad on page 99. (*Infórmese.*) The **familiar commands** (*cuídate, haz, come, bebe, no fumes, duerme*) in the following ad lend a more informal, personal tone to the message.

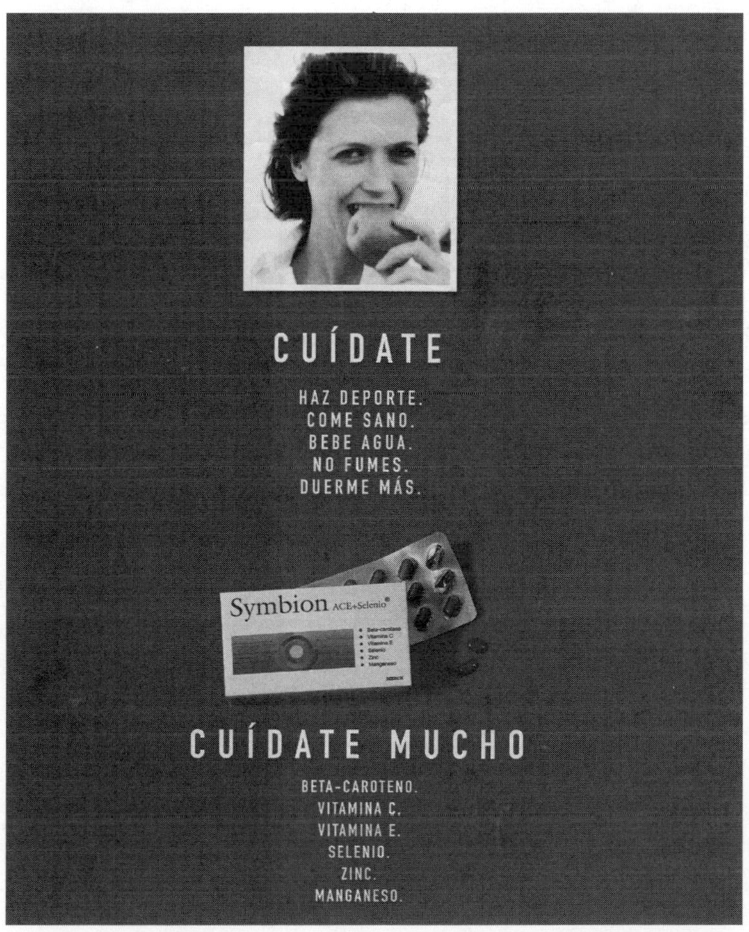

EXERCISES

A. Find four commands in the following ad.

¡Gane un auto nuevo!

Participe en el gran sorteo de

1 Gran Premio
Dodge Daytona Shadow 1991

5 Primeros Premios
Carritos electrónicos para niños

25 Segundos Premios
Carros de pedales para niños

Para más detalles, vea las reglas en la forma de participación.

Ahorre hasta $1.95 con los cupones para productos de Helene Curtis.

1. ____________________ 3. ____________________

2. ____________________ 4. ____________________

Now change them to familiar, less formal commands:

1. ____________________ 3. ____________________

2. ____________________ 4. ____________________

B. Create one negative and one affirmative command related to the following products:

DE ACUERDO

Suaviza la situación con Pert Plus, una fórmula única de shampoo y acondicionador en uno, que deja tu cabello suave y sedoso.

PERT PLUS® LA SUAVIDAD QUE SIEMPRE HAS QUERIDO.

1. ______________________________
2. ______________________________

Sabores exóticos en los helados Goya

1. ______________________________
2. ______________________________

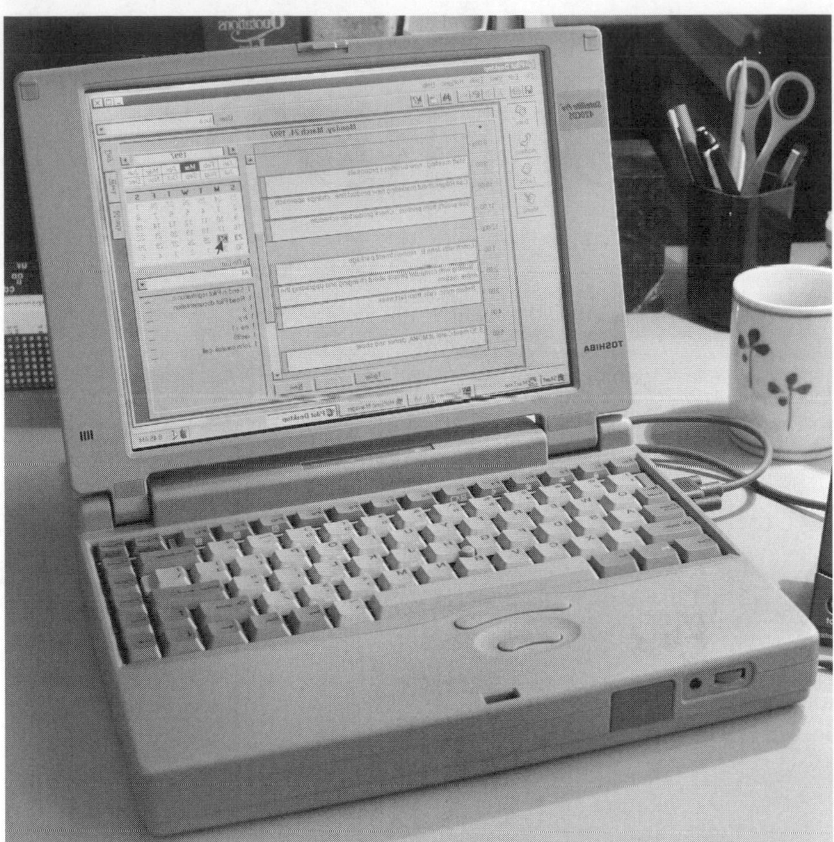

1. ______________________________

2. ______________________________

► Manos a la obra

A. Invente con dos de sus compañeros(as) de clase un producto que quieran vender. Decidan qué beneficios ofrecerá al consumidor, dónde se va a vender (en tiendas, por correo, a domicilio [*door-to-door*], etc.) y cómo se va a llamar. Después, traten de crear un lema o una campaña de publicidad para el producto. ¿Cuál va a ser el mensaje?, ¿a quién estará dirigido?, ¿dónde lo van a anunciar —en periódicos, en revistas, en la radio, en la televisión? Hagan una lista de todas las decisiones.

____

____

____

____

____

B. Ahora escriba individualmente su propio anuncio para el producto del Ejercicio A. Dibuje el producto en el espacio indicado y escriba luego su anuncio.

Ilustración

____

____

____

____

____

____

____

____

C. Reúnase ahora con su grupo. Comparen los anuncios que prepararon y ofrezcan sugerencias de cómo mejorarlos. Escojan el anuncio favorito del grupo y preséntenlo a la clase.

D. Incorporando las sugerencias del grupo, rescriba su propio anuncio en una hoja adicional y entrégueselo a su profesor/a.

PARA LOS INTERNAUTAS

Vaya a **http://www.wiley.com/college/composicion,** busque la página que corresponde a este capítulo y haga los ejercicios indicados.

MÁS ALLÁ

Comente los siguientes temas con sus compañeros(as) de clase. Luego escoja uno de ellos y escriba sus opiniones al respecto.

1. ¿Siempre nos dice la publicidad la verdad? ¿Pueden ustedes pensar en algunos ejemplos de anuncios que exageren o tergiversen (*misrepresent*) la verdad? ¿Se debe responsabilizar o enjuiciar (*to sue*) a las televisoras, los periódicos, etc., que publiquen anuncios falsos?
2. La publicidad es a menudo sexista y no presta atención a las diferencias étnico-culturales. Mencionen algunos casos que ustedes hayan observado. ¿Qué se podría hacer para mejorar la calidad de los anuncios en este aspecto?
3. ¿Hasta qué punto es buena la censura en la publicidad? ¿Qué límites fijarían (*would you set*) ustedes? Consideren, entre otras cosas, el tipo de anuncio, la hora en que se pasa (*it is shown*), la publicación en que va a aparecer, el tipo de producto, etc. En una sociedad democrática, ¿piensan ustedes que se debe prohibir la publicidad de ciertos productos? ¿De cuáles? Expliquen sus razones.

En esta página podrá anotar sus ideas respecto a este capítulo o bien referirse a un episodio de su propia vida.

Querido diario:

Capítulo 6

El reportaje a su alcance

En quioscos como éste, de Barcelona, España, hay publicaciones para todos los gustos.

Objectives

Upon completion of this chapter you should be able to:

- **write a summary**
- **utilize appropriate vocabulary to interview, report, and write about current events**
- **use *ser* and *estar* effectively**

► Para hablar del tema

VOCABULARIO ESENCIAL

Estudie las siguientes palabras y expresiones. Le pueden resultar útiles para entender el capítulo y para escribir o hablar sobre reportajes.

Sustantivos

el acontecimiento	*happening, event*
la bolsa	*stock exchange, stock market*
el chisme	*gossip, piece of gossip*
el diario	*daily newspaper, journal*
el encabezamiento	*heading, title, caption, headline*
la entrevista	*interview*
el (la) entrevistador(a)	*interviewer*
el (la) entrevistado(a)	*person being interviewed*
la fuente	*source*
el (la) gobernante	*person in charge, head*
el informe	*report*
los medios de comunicación	*media*
el mercado de valores	*stock market*
el noticiario	*newscast, broadcast*
el noticiero	*newscast, broadcast*
el (la) noticiero(a)	*reporter*
el (la) periodista	*journalist*
la polémica	*controversy, polemic*
la política	*policy, politics*
la prensa	*press, newspapers*
el reportaje	*reporting*
el (la) reportero(a)	*reporter*
el resumen	*summary*
la revista	*magazine, journal, review*
el semanario	*weekly publication*
el titular	*headline*

Verbos

contar (ue)	*to tell, relate*
encabezar	*to head, lead, put a heading or title to*
entrevistar	*to interview*
suceder	*to happen, occur*

A. Lea el siguiente reportaje.

Charla con Fernando Botero

Ana María Escallón, directora del Museo de Arte de las Américas, entrevistó a Fernando Botero. He aquí parte de la conversación con el célebre artista colombiano. **E** designa a la entrevistadora, **B** a Botero.

E: ¿Cómo supo usted que quería ser artista?

B: Comencé a pintar —ya sabía que quería ser artista— cuando tenía trece o catorce años. Tengo algunas acuarelas° de la época en que pintaba formas volumétricas aún antes de conocer la importancia del volumen en la pintura. Simplemente, era mi inclinación natural. **watercolors**

E: ¿Qué ha aprendido del arte colonial?

B: Un componente que existe en todas mis obras es el arte colonial. Mi interés en las superficies planas° proviene° de ese tipo de arte. Parte de mis trabajos es reflejo del arte al cual estuve expuesto cuando era niño: el arte que se encuentra en las iglesias. **flat/comes from**

E: ¿Y el arte precolombino?

B: También tomé mucho de él. Es más evidente en mis esculturas° que en mis pinturas, porque prácticamente no existen modelos para la pintura. Mi interés en el arte prehispánico es evidente en todas mis obras. **pieces of sculpture**

E: ¿Cómo enfrenta° la historia del arte cuando analiza su propia° historia? **face/own**

B: Soy un artista del Tercer Mundo, un artista que no nació entre museos, en una tradición establecida. Eso me permite ver las cosas con una nueva perspectiva. Mis ojos frescos hacen que las cosas aparezcan° simples. Básicamente invento todo desde el principio. **appear**

E: ¿Cuál es la función del arte?

B: La función del arte es exaltar la vida a través de la sensualidad y comunicarla a la naturaleza aunque a veces ésta sea árida.

E: ¿Qué es lo importante en una obra de arte?

B: La coherencia es el elemento definitivo en una obra de arte. Es lo que separa el gran artista de los discípulos. El maestro siempre está obsesionado con una idea que ha deformado tanto que todo lo que hace se ve afectado por esa locura°.

madness, craziness

E: ¿Y cómo ve esa locura de estilo?

B: Como una deformación del espíritu. Hay que estar loco para insistir que las cosas no son como son. Cuanto más fuerte° es el estilo, más loco es el artista. Uno debe convertirse en un monstruo total, capaz de sólo hacer lo que se conforma a esa concepción de la realidad.

The stronger ...

B. Conteste las siguientes preguntas sobre la entrevista anterior.

1. ¿ De niño, dónde estuvo expuesto Botero al arte colonial?

____

____

____

2. ¿En cuáles de sus obras se refleja más la influencia del arte precolombino?

____

____

____

3. Según Botero, ¿cómo es generalmente el mundo del artista tercermundista?

____

____

____

4. Explique la función del arte según Botero.

____

____

____

5. ¿Qué separa el gran artista del simple imitador o discípulo, según el entrevistado? ¿Está usted de acuerdo? Explique brevemente.

____

____

____

6. Observe la fotografía de la escultura de Botero que encabeza la entrevista anterior y haga un breve comentario de la obra.

____

____

____

____

____

C. Ahora haga una lista de las palabras del Ejercicio A que usted no conocía. Añada otras expresiones que considere útiles para hablar de las noticias. Si es necesario, busque su significado en el diccionario.

______________	______________	______________
______________	______________	______________
______________	______________	______________
______________	______________	______________
______________	______________	______________
______________	______________	______________
______________	______________	______________
______________	______________	______________
______________	______________	______________
______________	______________	______________

VOCABULARIO CLAVE

Las palabras de esta sección son de uso muy frecuente. Estúdielas y apréndalas. Le ayudarán en sus trabajos de redacción.

al igual que *just like*

Al igual que Oprah y Geraldo, Cristina Saralegui recurre a su espontaneidad para hacer confesar al tímido.

así como *as well as*

Cristina recurre a su espontaneidad **así como** a su legendaria habilidad para entrevistar.

no sólo ... sino que *not only but also*

Cristina **no sólo** trata los tópicos prohibidos **sino que** descubre los secretos más profundos.

a la vez *at the same time*

Los programas de Cristina son **a la vez** producto y radar de nuestra cultura.

de inmediato *right away*

Cuando hablamos con Cristina, su personalidad resalta **de inmediato**.

► Análisis del resumen

Un resumen es la condensación de los puntos esenciales de un discurso o escrito. En la mayoría de los casos se trata de (*it's a matter of*) expresar en forma sucinta el contenido de un artículo, un informe o un libro. Cuando tomamos notas en una clase o cuando subrayamos (*we underline*) ciertas líneas de un texto para estudiarlas con más atención luego, estamos también elaborando un resumen. En muchas ocasiones tendrá usted que resumir el contenido de un libro, de un artículo o informe, o quizá necesite escribir un resumen para un artículo que usted u otra persona haya preparado. Así pues, los conocimientos que usted adquiera en este capítulo le serán útiles en diversas situaciones.

Elaboración de un resumen

Un procedimiento sistemático reduce en gran parte las dificultades de elaborar un resumen. Los siguientes pasos le ayudarán en su labor.

1. Comience por examinar con cuidado el artículo, capítulo o informe con el que va a trabajar. Póngale especial atención al título, a los subtítulos y a los encabezamientos y cierres (*endings*) de párrafo. Estas secciones proveen claves (*keys*) esenciales para descubrir el mensaje central.
2. Lea varias veces el trabajo que va a resumir hasta que usted haya comprendido el significado del texto y su organización. Si encuentra vocablos difíciles, búsquelos en su diccionario.
3. Busque y subraye la oración tópica de cada párrafo. Si no hay una oración tópica, escriba una que resuma la idea central.
4. Busque ahora las ideas que sustentan (*support*) las oraciones tópicas. Cópielas o subráyelas si usted las considera importantes, pero evite (*avoid*) los detalles superfluos. No se preocupe de su estilo; éste es tan sólo un borrador.
5. Esta es la etapa de refinamiento y condensación. Una (*Join*) las ideas y simplifique la estructura. Compare su trabajo con el original para cerciorarse (*make sure*) de no haber omitido ningún aspecto importante. Corrija la gramática, la puntuación y la ortografía.
6. Para terminar, dele un título al resumen y explique la fuente (*source*) del mismo. La siguiente es una forma de dar crédito al autor:

   Resumido de (nombre del original) por (nombre del autor), (libro o revista) (mes, año), (páginas).

Ejemplo: Resumido de «Más cerca de Cristina Saralegui» por Diana Montané, *Más* (julio-agosto 1991), ps. 43–50.

Modelo de la elaboración de un resumen

Lea el siguiente reportaje y luego siga los pasos indicados para hacer un resumen de su contenido.

Más cerca de Cristina Saralegui

"Como latinos tendemos a hacer como el avestruz, meter la cabeza bajo tierra y decir: 'Esa no es la realidad, en mi época estas cosas no se hablaban"

Cristina tiene el único show diurno° en la televisión hispana con su propio nombre, como lo tienen Oprah, Geraldo y Sally Jessy Raphael en la televisión norteamericana. Al igual que ellos recurre° a la astucia° y a su espontaneidad como anfitriona°, así como a su legendaria habilidad para hacer «confesar» al tímido o al agresivo.

¿Cómo lo consigue? ¿Cuál es el secreto de Cristina que no sólo trata° los tópicos prohibidos sino que descubre los secretos más ocultos° de los miembros del panel y de la audiencia, haciendo que el televidente° a su vez se cuestione, o hasta se incomode° en su propia casa?

Ella misma tiene las respuestas: no podemos dejar de ver su programa porque éste es a la vez producto y radar de nuestra cultura. «No creo que la razón por la que el programa es tan exitoso° sea solamente el que

daytime
she resorts to/ astuteness/ hostess
deals with
hidden
viewer
becomes uncomfortable
successful

se traten temas controversiales», nos asegura° en la sala de su casa en Miami.

De inmediato° se destaca° su personalidad: su autoridad como reportera, la confianza analítica que pone en sus conclusiones, y sobre todo, esa forma de hablar y el ritmo que lleva cada frase a un final explosivo.

«Sí, tenemos temas de sexo, pero están hechos de tal manera que no se discuten gráficamente. Además están hechos con la intención de **in-for-mar**, no para vender o explotar y así obtener buena publicidad».

Saralegui fue la directora de la revista *Cosmopólitan en español* en los años setenta, y esto explica en mucho su estilo y la clase de temas que desarrolla en su ya famoso programa.

she assures us

Right away/ stands out

A. Siga ahora los pasos para la elaboración de un resumen.

Paso 1

1. ¿Qué le sugiere el título? ¿De qué se trata el reportaje?

____

____

Paso 2

2. Relea la información sobre Cristina y ponga atención al vocabulario y la estructura de los párrafos. Escriba aquí las palabras que no reconoce.

______________ ______________ ______________

______________ ______________ ______________

______________ ______________ ______________

______________ ______________ ______________

______________ ______________ ______________

Paso 3

3. Subraye la oración tópica de cada párrafo en las páginas 117 y 118 y cópiela abajo. Si el párrafo no tiene una oración tópica, invente una que resuma la idea central del párrafo.

párrafo 1

____

____

____

párrafo 2

---

párrafo 3

---

párrafo 4

---

párrafo 5

---

párrafo 6

Paso 4

4. Ahora escriba un borrador de su resumen uniendo las ideas expresadas en las seis oraciones tópicas.

____

____

____

____

____

____

____

____

____

____

____

____

► Para escribir mejor

CÓMO ORGANIZAR LOS SUCESOS (EVENTS) EN ORDEN CRONOLÓGICO

A. Lea las siguientes noticias del mundo hispano.

SAN JOSÉ.—El presidente de Costa Rica viajó a Colombia en una visita oficial. Se entrevistó con su homólogo° y discutió asuntos comerciales y de colaboración bilateral. Ambos mandatarios° analizaron la situación de Centroamérica. El gobernante costarricense partió° acompañado de su esposa y del Ministro de Comercio Exterior.

counterpart / **leaders** / **left**

MADRID.—El tren de alta velocidad (AVE) alcanzó los trescientos kilómetros por hora en un viaje de prueba. Tardó° cincuenta y cinco minutos en recorrer la distancia Madrid-Ciudad Real. Salió de la estación de Atocha al mediodía y llegó a la capital manchega° a la una menos cinco de la tarde.

It took / **of La Mancha**

MANAGUA.—La directora del semanario «Gente» se vio involucrada° en un grave accidente de tránsito y se encuentra bajo atención médica. El vehículo en que viajaba la periodista fue embestido° por un camión en la Autopista Sur. La policía recogió a la accidentada y la llevó al Hospital Calderón.

involved / **struck**

OBSERVE... el uso de la preposición **bajo** en la frase "***bajo*** *atención médica.*"

B. Haga una lista, en orden cronológico, de los sucesos del accidente en Managua.

____

____

____

____

____

C. Usando como modelos las noticias del Ejercicio A, escriba usted un reporte sobre un suceso mundial, nacional o local.

____

____

____

____

____

____

____

____

____

____

► Estructuras en acción

SER AND *ESTAR*

Ser and *estar* are the most common equivalents of the English **to be**. In some cases **only** *ser* may be used; other cases **require** *estar.* With most adjectives, on the other hand, the writer must make a choice between the two verbs.

Summary of ser *vs.* estar

You should use *ser:*

- to identify persons, places, or things.
  Cristina es reportera. Santo Domingo es la capital. El Excélsior *es un periódico mexicano.*

You should use *estar:*

- to indicate location of persons, places, or things.
  La joyería está en la calle 2. Los invitados estuvieron en el hotel.

You should use *ser:*

- to indicate nationality or origin.
  Botero es colombiano; es de Colombia.
- to tell time.
  Eran las tres y media.
- to express days or dates.
  Es domingo. Es el tres de junio.
- to indicate material.
  La casa es de madera. La pistola es de plástico.
- to indicate possession.
  La joyería es de la Sra. Jarquín. La estatua es de Botero.
- to tell the time or location of an event or activity.
  La reunión es a las nueve; es en el gran salón.
- in most impersonal expressions.
  Es importante saber hacer una entrevista.
  Es una lástima que no haya tiempo.

You should use *estar:*

- to form progressive tenses
  El presidente está hablando con el ministro.
  Antes estaba / estuvo escribiendo el documento.

You must decide between *ser* and *estar* with most adjectives.

- *Ser* is used to describe physical attributes, personality traits, and characteristic qualities that are considered **inherent** in the noun. It gives an objective view of what kind of person, place, or thing you are writing about.

  Cristina es famosa.
  El periodista es gordo. (He is 4′10″ and weighs 200 pounds.)
  El tren es rápido. (It can go as fast as 300 kilometers per hour.)
  El Hospital Calderón es moderno. (It was built two years ago.)
  El polo norte es frío.

- *Estar* describes a condition or a state. The writer often expresses a more subjective evaluation of the noun—a judgment or a perception—by using *estar.*

  El detective está viejo. (He's only 40, but he's had a hard life and looks much older.)
  Está gorda. (She's not measurably overweight, but her bone structure and the unflattering dress she is wearing today make her look fat; or, we are surprised that she has gained weight recently.)
  Alfonso está elegante. (Because he is wearing a tuxedo tonight, he **appears to be** rather elegant. He **looks** elegant tonight.)
  ¡Qué frío está el aire aquí! (How cold the air feels!)

- Some adjectives change their meaning entirely depending on whether they are used with *ser* or *estar.*

  Amelia es lista. Amelia is clever (sharp).
  Amelia está lista. Amelia is ready (to go).

  Ana es rica. Ana is a rich woman.
  El pastel está rico. The cake tastes great.

  Juan es nervioso. Juan is a nervous person.
  Juan está nervioso. Juan is nervous now.

Felipe es vivo. Felipe is clever.
Felipe está vivo. Felipe is (still) alive.

La fruta es verde. It is a green-colored fruit.
La fruta está verde. The fruit is not ripe.

You must decide between *ser* and *estar* with past participles (*-do*).

The past participle very often is used as an adjective. In such cases, the participle must agree in number and gender with the subject. This use of *ser* and *estar* is complex; however, the following guidelines will help you to determine which verb to use.

- *Estar* is used with the past participle to indicate a **condition** or **state** that results from some act (but **not** the act itself). It can also indicate a state that the subject reaches.

  La carta está firmada. The letter is signed (as opposed to unsigned, because someone signed it).
  Las sillas ya están pintadas. The chairs are already painted (as opposed to unpainted, because someone painted them).
  Los edificios están destruídos. The buildings are destroyed (because something or someone destroyed them).
  La puerta estaba abierta. The door was open (as opposed to closed, because someone or something opened it).
  Los chicos están satisfechos. The boys are satisfied. (They reached the state of satisfaction.)
  El gato está dormido. The cat is asleep. (He reached the state of sleep.)

- *Ser* is used with the past participle to form the passive voice (See Chapter 4).

- Occasionally the past participle functions as a noun rather than an adjective. In such cases, *ser* is used. Observe the difference:

  Está casada. She is married.
  Es casada (*una mujer casada*). She is a married woman.
  Está herido. He's wounded. (a condition, the result of some act)
  Es un herido. He's a wounded man.
  Está aburrido. He is bored.
  Es un aburrido. He's a boring person.

- In general, past participles with *ser* express an **act**; with *estar* they express a **resultant condition** or **state**.

  Las entrevistas fueron grabadas. (an act) The interviews were recorded. (Someone recorded the interviews.)
  Las entrevistas están grabadas. (a condition) The interviews are recorded. (as opposed to not recorded)

EXERCISES

A. Complete the following sentences with the appropriate form of *ser* or *estar*.

1. La dueña de la joyería ______________ en peligro.
2. La reunión ______________ en Colombia.
3. La joyería ______________ de mi hermano.
4. Este diamante no ______________ auténtico; ______________ artificial.

5. La tía Amelia ______________ la hermana de mi madre.

6. ______________ verdad que Amelia ______________ muy simpática.

7. La estación de Atocha ______________ en Madrid.

8. Los detectives ______________ investigando el robo de la joyería.

9. Los periodistas ______________ guatemaltecos.

10. ______________ las dos de la tarde.

11. La conferencia sobre la situación centroamericana ______________ en Managua.

12. Los conferencistas ______________ en Managua.

B. Complete the following paragraph with the appropriate form of *ser* or *estar*.

Gabriela ______________ mi compañera de cuarto. ______________ muy trabajadora. En este momento ______________ en la biblioteca buscando datos para una tarea de periodismo. ______________ muy nerviosa porque ya ______________ las dos y tiene que entregar el trabajo a las dos y media. La clase ______________ en el edificio de ciencias, que ______________ bastante lejos de la biblioteca. ______________ probable que Gabriela no vaya a llegar a tiempo. ______________ una lástima que el profesor ______________ tan exigente: no acepta ningún proyecto que se entregue ni un minuto tarde.

C. Explain the difference in meaning between the following pairs of sentences.

1. Marta **es** delgada. / Marta **está** delgada.

____

____

____

____

____

2. Antonio **es** loco. / Antonio **está** loco.

____

____

____

____

____

3. Los científicos **son** listos. / Los científicos **están** listos.

4. El agua **es** fría. / El agua **está** fría.

5. Tu hijo **es** grande. / Tu hijo **está** grande.

6. La casa **fue** pintada. / La casa ya **está** pintada.

7. Las camisas **fueron** planchadas. / Las camisas ya **están** planchadas.

8. El césped **fue** cortado. / El césped ya **está** cortado.

____

____

____

____

____

► Manos a la obra

A. El siguiente reportaje es típico de la prensa amarilla, es decir, informa sobre algo escandaloso o extraño. Muchas veces el (la) reportero(a) exagera tanto que se llega a lo inverosímil (*improbable, unbelievable*). Se hace además uso del sobrentendido (*innuendo, implication*) y de los juegos de palabras.

Le robó a su esposa

El 3 de marzo se produjo un asalto en la elegante joyería «Recuerdos Eternos» de la calle Independencia de esta ciudad. Entraron en el establecimiento un hombre y una mujer, ambos enmascarados y armados de pistolas. Lograron huir con una cuantiosa° cantidad de joyas y dinero de la caja fuerte° después de haber tomado como rehenes° a dos de los empleados.

substantial
safe/
hostages

La dueña de la joyería, la señora Esmeralda Jarquín, respetada dama de la sociedad de San Rafael, fue golpeada° violentamente por uno de los enmascarados y tuvo que ser trasladada° a la sala de emergencia del Hospital San Juan de Dios. Según afirmó uno de los rehenes, el asaltante que agredió° a la señora Jarquín exclamó: «Espero que esto te sirva de lección» y después añadió: «Ladrón° que roba a ladrón tiene cien años de perdón».

De acuerdo con las investigaciones del detective Núñez, encargado del caso, se trata de una disputa matrimonial. Parece ser que en un litigio de divorcio, el actual° gerente del Banco Nacional, Lic. Eduardo Montero, ex esposo de la señora Jarquín, perdió la joyería y la casa de habitación, una residencia en el muy exclusivo barrio de «Los Pinares del Río» valorada en varios millones de bolívares°. Las autoridades arrestaron ayer en casa de su hermano al señor Montero y encontraron parte del botín°. No se sabe con certeza quién fue el otro asaltante aunque se sospecha de la nueva esposa del Lic. Montero, su antigua secretaria. Por el momento la señora Jarquín se encuentra convaleciendo en el hospital y el Lic. Montero bajo rejas° esperando ser juzgado°.

struck
taken
assaulted
Thief
current
Venezuelan monetary unit/loot
in custody/ awaiting trial

B. Siguiendo los pasos que se explican en la página 116, haga un resumen del reportaje escandaloso «Le robó a su esposa». Use una hoja adicional para escribir el borrador y escriba la versión final en las líneas siguientes. Entréguele el borrador y la versión final a su profesor(a).

____
____
____
____
____
____
____
____
____
____
____
____
____
____
____
____
____

C. Al principio de este capítulo, usted leyó un ejemplo de una entrevista. Entreviste ahora a un(a) compañero(a) de clase. Primero, en una hoja adicional, prepare algunas preguntas. Usted podría, por ejemplo, preguntarle dónde nació, algo de la historia de su familia, sus gustos e intereses, la carrera que estudia, por qué escogió esa profesión, sus triunfos, etc. Luego, tome notas de las respuestas y en las líneas siguientes escriba la versión final. Su profesor(a) le puede pedir que lea su trabajo a la clase.

PARA LOS INTERNAUTAS

Vaya a **http://www.wiley.com/college/composicion,** busque la página que corresponde a este capítulo y haga los ejercicios indicados.

MÁS ALLÁ

122 páginas
7 secciones y
Guía visual de pintura y arquitectura Nº 13

LA NACION

El tiempo
Hoy: con sol y algunas nubes; brumoso y agradable. Máxima: 23°. Mínima: 16°. Más Inf. en la página 8, sección 2a.

Precio $ 1,20 – Recargo envío al interior $ 0,20 | Buenos Aires, sábado 9 de mayo de 1998 | Año 129 – Número 45.447

Estudian eliminar el sistema de jubilaciones de reparto

Un proyecto del Gobierno propondrá que todos los afiliados pasen al régimen privado de capitalización

El Gobierno estudia la eliminación del régimen de reparto y la concentración de todos los aportantes en el de capitalización privada mediante un profundo cambio del actual sistema jubilatorio.

Así lo anunció a La Nacion la secretaria de Equidad Fiscal de la Jefatura de Gabinete, Carola Pessino, que trabaja en el proyecto junto con funcionarios de los ministerios de Economía y de Trabajo.

El sistema de jubilación de reparto funciona desde 1950.

"Estamos estudiando para tener algún cambio hacia el año que viene", dijo la funcionaria, que llegó al Gobierno cuando Roque Fernández asumió como ministro de Economía.

Pessino señaló que está trabajando para que el actual régimen, que contempla los dos sistemas -reparto y capitalización-, "alguna vez tenga un corte" y todo se concentre en el privado.

Desde agosto de 1994, cuando se reformó el régimen previsional, el sistema de reparto administrado por el Estado fue perdiendo terreno ante las administradoras privadas.

Todavía permanecen en el viejo sistema 2,3 millones de afiliados, mientras que en el de capitalización privada los inscriptos suman algo más de 6,5 millones.

A pesar de la enorme desigualdad en la cantidad de afiliados que acumula cada régimen hay un dato que los iguala. El nivel de morosidad promedio alcanza al 50%, (80% en el caso de los autónomos) según la cámara de las Administradoras de Jubilaciones y Pensiones.

El proyecto oficial forma parte de un cambio mayúsculo que el Gobierno analiza para el régimen jubilatorio.

Contempla un nuevo régimen para autónomos y la unificación de todo el sistema previsional, que incluye el traspaso a la órbita nacional de las cajas jubilatorias que todavía permanecen en manos de las provincias. **Economía, Pág. 2**

El sistema, hoy

- Gasto previsional para 1998: **$ 17.544 millones**
- Déficit previsional para 1998: **$ 3328 millones**
- Afiliados al sistema de capitalización **6.523.374** — 73,9 %
- Afiliados al sistema de reparto **2.304.408** — 26,1 %
- Morosidad en autónomos: **80 %**

LA NACION

Gestiones secretas con el FMI en EE.UU.

Acercamiento: el secretario de Trabajo viajó a Washington para limar las diferencias por la reforma laboral y preparar el encuentro González-Camdessus.

Las diferencias que se habían generado entre el Gobierno y el Fondo Monetario Internacional (FMI) por la propuesta oficial de reforma laboral comenzaron a desdibujarse.

Una misión secreta del Ministerio de Trabajo fue la encargada de esta tarea. José Uriburu, secretario de la cartera, viajó hace unos días a Washington en representación del sector más duro del Gobierno para iniciar un acercamiento con los técnicos del

Volvieron las ballenas a la península Valdés

Arslanian: la policía protege aún el juego y la prostitución

Por Hernán Cappiello

El ministro de Justicia y Seguridad bonaerense, Carlos Arslanian, dijo ayer a La Nacion que la reforma policial en marcha no pudo erradicar aún la vasta red de sobor-

EL PAIS

EDICIÓN MADRID | DIARIO INDEPENDIENTE DE LA MAÑANA | DOMINGO 8 DE MARZO DE 1998

PSOE y PP dicen que acatan la decisión, aunque los populares piden responsabilidades políticas

Barrionuevo y Vera serán juzgados por los tres presuntos delitos del 'caso Marey'

El ex ministro del Interior José Barrionuevo y el ex secretario de Estado de Seguridad Rafael Vera no han logrado su objetivo de evitar sentarse en el banquillo por el *caso Marey*. Ambos serán finalmente juzgados, tal como pedía el fiscal, por tres presuntos delitos relacionados con el secuestro, en 1983, de Segundo Marey, al que los GAL confundieron con un etarra. La Sala Segunda del Tribunal Supremo resolvió ayer rechazar el planteamiento de las defensas, que alegaban que tales delitos habrían prescrito. Junto a Barrionuevo y Vera serán juzgados otros 10 acusados. El PP se apresuró ayer a exigir al PSOE "responsabilidades políticas".

Páginas 17 y 18
Editorial en la página 14

Castro se quejó a Almunia de que la Embajada española aliente a los disidentes

Página 20

ENTREVISTA

Cándido Méndez: "La oposición no funciona ni en política económica ni en general"

Páginas 53 y 54

El Barça golea al Madrid

Núñez pasa la moción de censura, pero con la oposición de 14.358 socios

DOMINGO

Un chalé en la Luna

El hallazgo de agua reabre la fiebre por colonizar el satélite

ENTREVISTA

Romay: "La última palabra sobre el 'medicamentazo' la tiene Aznar"

Mujeres sin derecho a rostro

En Afganistán, los ciudadanos son súbditos. Y las súbditas, esclavas

Puerto Rico invade Estados Unidos

El crepúsculo erótico de Josep Pla

África de las Heras, la estrella española del KGB

CIUDAD

Secundaria El Camino Real gana Decatión Académico Nacional

Lea SECCIÓN B

DEPORTES

Toluca despluma a **Aguilas 1-0**

Lea SECCIÓN C

ESPECTÁCULOS

Angeles Ochoa vuelve al género de la música bravía

Lea SECCIÓN D

LUNES
27 de abril de 1998

La Opinión

Los Angeles, California

La Broadway de fiesta

Confiscan un hotel en Tijuana

Autoridades creen que estaba ligado al cartel de los hermanos Arellano Félix

Proposiciones: el 'cuarto poder' del gobierno estatal

Las iniciativas electorales, con todas sus controversias, son la alternativa del voto popular ante el estancamiento legislativo

Comente los siguientes temas con sus compañeros de clase. Luego escoja uno de ellos y escriba sus opiniones al respecto.

1. Muchos opinan que las noticias son demasiado sensasionalistas y fatalistas. ¿Está usted de acuerdo? Explique su posición.
2. ¿Tiene la prensa amarilla razón de existir? Considere publicaciones en inglés como *The Star* o *The National Enquirer* y exponga sus ideas al respecto.
3. Hay quienes afirman que el gobierno puede forzar a los reporteros a revelar sus fuentes. ¿Cuáles son sus opiniones sobre este punto de vista?

En esta página podrá anotar sus ideas respecto a este capítulo o bien referirse a un episodio de su propia vida.

Querido diario:

Capítulo 7

Las diversiones, los pasatiempos y los compromisos sociales

En busca del último disco compacto con sabor latino, Austin, Texas.

Objectives

Upon completion of this chapter you should be able to:

- write and respond to invitations
- write and respond to personal notes
- utilize appropriate vocabulary to write about entertainment, pastimes, and social obligations
- use conditional forms and the imperfect subjunctive forms to soften requests

▶ Para hablar del tema

VOCABULARIO ESENCIAL

Estudie las siguientes palabras y expresiones. Le pueden resultar útiles para entender el capítulo y escribir sobre las diversiones, los pasatiempos y los compromisos sociales.

Sustantivos

el (la) anfitrión(a)	*host, hostess*
el brindis	*toast*
el enlace matrimonial / la boda	*wedding*
la fiesta sorpresa	*surprise party*
el pésame	*expression of condolence*
la renovación	*renewal*
el salón	*party room*
el sepelio / el funeral	*funeral*
la telenovela	*soap opera*
el televisor	*television set*
los votos	*vows*

Verbos

complacerse en	*to have the pleasure of*
contraer nupcias / casarse	*to get married*
dar / hacer una fiesta	*to throw a party*
estar de moda	*to be fashionable*
estrenar	*to wear something new for the first time; to perform a play or show a movie for the first time*
fallecer	*to die*
participar a alguien de / convidar	*to invite*
ponerse de moda	*to become fashionable*
tener el gusto	*to have the pleasure*
tener lugar / efectuarse / llevarse a cabo	*to take place*

Adjetivos

apreciable / respetable	*respectable*
distinguido(a)	*distinguished*
honorable	*illustrious*

Adverbios

afectuosamente / cariñosamente	*affectionately*
atentamente	*sincerely*

A. Lea el siguiente texto. Busque las palabras que no conozca en su diccionario.

Nuevo furor con ritmo latino

La danza se está convirtiendo en un medio de integración para las culturas de América del Norte y sus vecinos del sur. El tango y otras formas de baile latino están adquiriendo cada vez más popularidad entre los aficionados a la danza en los Estados Unidos.

Como cualquier sustancia adictiva, los bailes latinos tienen una cualidad ilícita, una sensualidad, que la naturaleza puritana de los estadounidenses ha rechazado° tradicionalmente. El movimiento de las caderas° del mambo, la rumba y el cha-cha-chá, los más pronunciados giros° del merengue, la salsa y la cumbia y el contacto físico del tango tienen un denominador común: la sensualidad, que es como una hechicera° que incita y halaga°, guiña° e inclina la cabeza. Es como si fuera un gesto con la mano que invita a acercarse. Y para muchos de los que dan el primer paso, ya no hay marcha atrás°.

rejected
hips
gyrations

enchanter, bewitcher/ flatters, allures/ winks/there is no way back

A través de los tiempos, los ritmos latinos han hecho sentir periódicamente su presencia en los salones de baile. A fines de los años 30, llegaron la rumba y la samba, y en los 40 le tocó el turno al mambo. La resurgencia actual se debe en parte a los que bailaban esos ritmos en sus años jóvenes. Muchas de las personas que participan hoy en día tienen más de 60 años, y la nostalgia los lleva a repetir los mismos pasos que practicaban en su juventud.

Para los más jóvenes, el baile es un ejercicio saludable de efecto terapéutico y consecuencias sociales. La danza sirve para olvidarse de las preocupaciones, extender el círculo de conocidos y establecer nuevas amistades.

El fenómeno, aunque simplista, tiene un gran porvenir°. Algunos bailarines, profesionales y aficionados, lo ven como una forma de restablecer el respeto mutuo entre el hombre y la mujer. El baile en pareja en general, y los bailes latinos en particular, permiten el contacto físico y el flirteo en un ambiente seguro. También el baile sirve para aliviar las tensiones de una sociedad moderna acelerada.

future

B. Conteste las siguientes preguntas.

1. ¿Cuáles son cuatro ritmos mencionados en la lectura anterior?

____

____

2. ¿Según la lectura, qué cualidades de los ritmos latinos los han hecho populares en los Estados Unidos?

____

____

3. ¿Cuál(es) de estos ritmos ha bailado o ha visto bailar? ¿Dónde y cuándo los ha bailado? ¿Dónde los ha visto: en persona, en el cine, por televisión, en el teatro?

____

____

4. Según el artículo, ¿ por qué bailan los más viejos? ¿Y los más jóvenes?

____

____

5. ¿ Cree usted en el aspecto terapéutico de la danza? Explique brevemente.

____

____

C. Ahora haga una lista de las palabras del Ejercicio A que usted no conocía. Añada otras expresiones que considere útiles para escribir sobre las diversiones, los pasatiempos y los compromisos sociales. Si es necesario, busque su significado en el diccionario.

_______________ _______________ _______________

_______________ _______________ _______________

VOCABULARIO CLAVE

Las palabras de esta sección son de uso muy frecuente. Estúdielas y apréndalas. Le ayudarán en sus trabajos de redacción.

cualquier(a) *any*

Como **cualquier** sustancia adictiva, los bailes latinos tienen una condición ilícita.

ni siquiera *not even*

Estuvo aquí una semana y **ni siquiera** nos llamó.

si bien *though*

Si bien no todos están de acuerdo sobre su origen, el bolero puede describirse como una balada.

en la medida que *to the extent that*

En la medida que nuevas grabaciones aparecen, los jóvenes redescubren el bolero.

▶ Análisis de las notas y las invitaciones

El lenguaje que se usa en las invitaciones está bastante definido por el uso. En esta sección usted encontrará varios ejemplos de invitaciones que le ayudarán a familiarizarse con ese estilo. En la vida real, usted puede seleccionar de un catálogo o en una tienda la invitación que más se aproxime a su gusto y evitar (*avoid*) así el tener que escribirla. No obstante (*Nevertheless*), muchas personas prefieren agregar un matiz (*touch, tone*) personal a las invitaciones que hacen. Usted, quizá, en alguna ocasión quiera crear su propio estilo o modificar el que le ofrezcan. Muchas veces, sin embargo, se verá en la necesidad de responder a una invitación por escrito. En esta sección encontrará ideas para crear su propia invitación, si así lo desea, y responder a las invitaciones que reciba.

Observe ahora los siguientes ejemplos de invitaciones.

El señor Roberto Mena y la señora Ana de Mena
le invitan a usted y a su apreciable familia
al enlace matrimonial de su hija
Esmeralda
con el señor
Efraín Aguirre Morales
hijo del señor Eduardo Aguirre y la señora
Lía Morales de Aguirre

La ceremonia se efectuará el sábado 26 de noviembre de 1999 a las cinco de la tarde en la Iglesia del Sagrado Corazón. Se ruega pasar luego a una recepción en casa de los padres de la novia, 234 Avenida Los Robles, Alajuela.

Se ruega... *You are asked*

Quince Años

Rodrigo Arguedas y Sara M. de Arguedas se complacen en invitarle a usted y a su distinguida familia a la celebración de los quince años

de su hija
MARÍA DEL SOCORRO

La recepción tendrá lugar el 16 de enero de 1999
de 6 p.m. a 8 p.m.; el baile de 8 p.m. a 12 medianoche
en los salones del Club Campestre Los Pinos,
84 Vía de las Rosas,
Pedregal de San Marcos.

A. Como ya se mencionó, el lenguaje de las invitaciones es bastante formal y está codificado por la tradición y la estructura social. ¿Qué adjetivos se usan para referirse a la familia en las dos invitaciones anteriores?

____

Recuerde que la familia juega un papel muy importante en la sociedad hispana y hay que referirse a ésta con adjetivos como **distinguido, honorable, apreciable**, etc.

Las invitaciones reflejan aspectos religiosos o sociales propios de una cultura, y éstos a veces no tienen equivalentes en otra. Tal es, por ejemplo, el caso de la invitación a la fiesta de quince años. En el mundo hispánico ésta es la fecha en que la joven se presenta en sociedad y es una celebración de gran importancia. En cambio, la adolescente en los Estados Unidos, si organiza una fiesta, lo hace para celebrar sus dieciséis años.

B. ¿Puede usted pensar en otras celebraciones típicas de la cultura estadounidense que no tengan equivalente exacto en otras culturas?

____

____

Suponga ahora que usted ha recibido las dos invitaciones anteriores, pero como no puede asistir ni a la boda, ni a la recepción de quince años, envía una nota para excusarse. Observe las dos notas siguientes. La primera es formal, ya que el autor no tiene una amistad íntima con la familia.

Limón, 23 de octubre de 1999

Sr. Roberto Mena y Sra.

Muy estimados don Roberto y doña Ana:

Muchas gracias por la bondad de invitarme al matrimonio de su hija Esmeralda. Desafortunadamente, cuando recibí su cordial invitación, ya había aceptado un compromiso con la compañía PAMA para asistir a una conferencia en la ciudad de Bogotá durante la última semana de noviembre. Mis mejores deseos para Esmeralda y el señor Hidalgo.

Atentamente,
Miriam Arrieta

En la nota siguiente se aprecia un tono familiar, ya que la autora fue vecina y buena amiga de la familia Arguedas.

Monterrey, 2 de enero de 1999

Sr. Rodrigo Arguedas y Sra.

Muy recordados amigos:

Nada me habría dado más gusto que poder asistir a la celebración de los quince años de María del Socorro. ¡Cómo pasa el tiempo! No hace tanto estaba en pañales y ya es toda una señorita. Muy a mi pesar, me encontraré en la Ciudad de México el día de la fiesta. Ustedes saben bien cómo son los compromisos de negocios. Muchas felicidades y un fuerte abrazo para toda la familia y en especial para la quinceañera.

Afectuosamente,
Eva Lobo

pañales... *diapers*; **Muy a mi pesar** ... *Much to my regret*; **abrazo** ... *hug*

Las notas, mensajes cortos, son sin duda uno de los tipos de escritura más usados en la vida diaria. A continuación encontrará más ejemplos de notas. Observe el uso de los dos puntos (*colon*) después del nombre de la persona a quien se dirige la nota. En contraste con el inglés, en español nunca se usa una coma.

Martita:

No voy a poder comprar los pasteles para la fiesta de esta noche. Tengo que quedarme en la oficina hasta las 7, y la pastelería cierra a la 6:30. ¿Podrías ir tú?

Un millón de gracias,
Felipe

6 de mayo de 1999

Queridos Tomás y Laura:

Muchísimas gracias por todo. La pasé a las mil maravillas. Laura, todavía estoy saboreando tu deliciosa paella. Un abrazo bien fuerte para los dos y un beso para la nenita.

Cariñosamente,

Emilia

saboreando... *savoring*; **beso**... *kiss*

San Francisco, 10 de octubre de 1999

Sr. Ramiro Gutiérrez, Sra. e Hijos

Muy apreciados amigos:

Mi más sincero agradecimiento por las atenciones y cuidados de que fui objeto durante mi estadía en su hogar. Ustedes hicieron que mi permanencia en Lima fuera una experiencia inolvidable. Espero tener la oportunidad de corresponder a sus bondades cuando se encuentren de visita en los Estados Unidos.

Sinceramente,

Gregory While

estadía... *stay*

Para escribir mejor

CÓMO ESCRIBIR UNA TARJETA O POSTAL DE FELICITACIÓN

A. Lea la siguiente selección sobre las postales de felicitación.

LAS POSTALES DE FELICITACION

En todo el mundo, las tarjetas antiguas, ya sean las de Navidad o las del día de San Valentín, están subiendo de valor, y existen coleccionistas que las atesoran. Algunos de ellos poseen ejemplares valorados en miles de dólares. Los ejemplos más antiguos de postales de felicitación se remontan a la época entre 1790 y 1830. En ese tiempo, las tarjetas se hacían a mano, con dibujos originales y únicos realizados por quien las enviaba (es decir, no eran impresas) y también los versos eran originales y escritos a mano por la persona que deseaba expresar su felicitación, su amor o su buen deseo. Estas tarjetas en realidad parecían cartas con bonitas ilustraciones y versitos típicos de aficionados. Quien no sabía dibujar, se limitaba a recortar ilustraciones, colorearlas y pegarlas en el papel en forma artística.

La llamada "edad de oro" de las tarjetas se extiende de los años 1870 a 1920, y las más hermosas fueron las producidas en Alemania. El auge de las tarjetas se hizo posible cuando el sistema de impresión por cromolitografía (o sea, la impresión a color) se hizo accesible al mercado masivo. Las tarjetas antiguas están hechas de papel muy elaborado y tienen colores brillantes, como lila, rojo, azul y rosado, con temas de Santa Claus, Cupidos, flores, corazones y jóvenes románticas.

atesoran... *treasure*; **ejemplares**... *samples*; **se remontan**... *date back to*; **impresas**... *printed*; **recortar**... *cut out*; **pegarlas**... *paste them*; **auge**... *boom, heyday*

OBSERVE... el uso de la preposición ***a*** en la frase "*se hacían* ***a*** *mano.*"

B. Conteste las siguientes preguntas sobre la lectura del Ejercicio A.

1. ¿Cómo se hacían las tarjetas entre los años 1790 y 1830?

____

____

____

2. ¿Qué promovió el auge de las tarjetas postales?

____

____

____

3. ¿Cuáles son algunos de los temas que aparecían en las tarjetas antiguas?

____

____

____

C. En grupos de cuatro, escojan una buena razón para enviar una tarjeta o postal. A continuación encontrarán algunas ideas.

- La clase va a dar una fiesta.
- Es el Día de los Enamorados.
- Un(a) amigo(a) va a graduarse.
- Se acerca la Navidad.
- El (la) profesor(a) ha estado enfermo(a).
- Usted ha reñido (*argued*) con su novia(o).
- Es el aniversario de boda de sus padres.
- Acaban de ascender en el trabajo a su esposa(o).
- Se sacó (*won*) la lotería un(a) conocido(a).

¿Pueden agregar otras razones?

____

____

____

Una vez escogido el tema, piensen en el diseño. ¿Hay algún artista entre ustedes que pueda ilustrar la tarjeta? Si no, alguien debe encargarse de recortar ilustraciones para pegarlas en la tarjeta. Por supuesto, la tarjeta puede ser tamaño (*size*) gigante para impresionar a quien la reciba. También incluyan un poema o un pensamiento. Y ahora, ¡manos a la obra! La presentan a la clase la próxima vez.

D. ¿Le gusta viajar? ¿Sabe usted algo de las ciudades y la geografía? Tome la siguiente prueba y autoexamínese.

¿QUE SABE DE CIUDADES?

La Torre Eiffel

Las pirámides de Giza.

Estas ciudades y sus contornos son famosas en todo el orbe. ¿Las conoce bien?

1. ¿En qué ciudad está la Torre Eiffel?
a) París - b) Madrid - c) Montreal
2. ¿Cerca de qué ciudad están las cataratas del Niágara?
a) Los Angeles - b) Buffalo - c) Washington
3. ¿Qué capital está más cerca de la pirámide de Giza?
a) Ciudad de México - b) El Cairo - c) Pekín
4. ¿Cuál es la capital de Albania?
a) Turín - b) Trieste - c) Tirana
5. ¿A qué ciudad se le llama "la capital del sol"?
a) Moscú - b) Lima - c) Miami
6. ¿En qué ciudad se encuentra un monumento al "Oso y el Madroño"?
a) Valencia - b) Buenos Aires - c) Madrid
7. ¿En qué ciudad está el Parque de María Luisa?
a) Bogotá - b) Sevilla - c) Cali
8. ¿Cuál es un famoso barrio de Lima?
a) Palermo - b) El Vedado - c) Miraflores
9. ¿Dónde se encuentra el Palacio de Invierno?
a) Caracas - b) Leningrado - c) Budapest
10. ¿En qué continente se encuentra la capital que se llama Ulan Bator?
a) Africa - b) América - c) Asia

Respuestas: 1a/ 2b/ 3b/ 4c/ 5c/ 6c/ 7b/ 8c/ 9b/ 10c.

E. Ahora escoja una de las siguientes ciudades.

Madrid, Los Ángeles, Nueva York, Chicago, Miami,
San Francisco, la Ciudad de México, Lima,
Buenos Aires, Bogotá o su ciudad favorita

Si es necesario, busque información en una enciclopedia. Mencione, por ejemplo, su posición geográfica, su población y algunos de sus atractivos turísticos. Escriba una postal desde esta ciudad a sus compañeros de clase. Describa la ciudad e incluya un poco de su historia. Su trabajo debe tener al menos cinco oraciones.

► Estructuras en acción

SOFTENING REQUESTS

In writing and responding to invitations and notes, as well as in oral communication, Spanish speakers often use the conditional tense to soften a request or make it sound more polite. The use of the imperfect (past) subjunctive instead of the conditional makes it even softer and more polite. Notice the difference in tone in the following examples.

Examples: —*¿**Quieres** acompañarme al concierto?*
—*Claro que **quiero** acompañarte.*
This is informal. Use of the present tense can sometimes even be considered somewhat blunt and not especially polite: **(Do you) want** to go to the concert with me? Of course **I want** to go.

—*¿**Querrías** acompañarme al concierto?*
—*Me **encantaría** ir contigo.*
Here the conditional tense softens the request and the reply considerably and makes them more polite: **Would you like** to go to the concert with me? **I'd be delighted** to go with you.

—*¿**Quisieras** acompañarme al concierto?*
—*¿**Quisiera** acompañarte, pero desgraciadamente tengo otro compromiso.*
Here the imperfect subjunctive makes the request and the reply even softer and more polite: **Might you like** to go (**Might you consider** going) to the concert with me? **I should like very much** to go with you, but unfortunately I have another engagement.

Formation of the Conditional Tense

The conditional tense of almost all verbs *(-ar, -er,* and *-ir)* is formed by using the **entire infinitive** as the stem and adding these endings: *-ía, -ías, -ía, -íamos, -íais, -ían.*

convidar:	*convidaría*	***ser:***	*sería*	***ir:***	*iría*
	convidarías		*serías*		*irías*
	convidaría		*sería*		*iría*
	convidaríamos		*seríamos*		*iríamos*
	convidaríais		*seríais*		*iríais*
	convidarían		*serían*		*irían*

A few verbs have irregular stems in the conditional.

caber:	***cabría***	***querer:***	***querría***
decir:	***diría***	***saber:***	***sabría***
haber:	***habría***	***salir:***	***saldría***
hacer:	***haría***	***tener:***	***tendría***
poder:	***podría***	***valer:***	***valdría***
poner:	***pondría***	***venir:***	***vendría***

Remember that compound verbs (verbs with prefixes) have the same irregularity as the base verb from which they are derived. Look at the examples below.

poner:	***pondría***	***anteponer:***	***antepondría***
		componer:	***compondría***
		disponer:	***dispondría***
		posponer:	***pospondría***
		reponer:	***repondría***
		suponer:	***supondría***
		tra(n)sponer:	***tra(n)spondría***

Formation of the Imperfect Subjunctive

The imperfect (past) subjunctive of every Spanish verb (no exceptions) is formed by deleting the *-ron* ending from the **third-person plural** (*ustedes* form) of the **preterite tense** and adding these endings: *-ra, -ras, -ra, -ramos, -rais, -ran.*[1]

[1]A far less frequently used alternative set of endings for the imperfect subjunctive (*-se, -ses, -se, -semos, -seis, -sen*), seen primarily in Spain and in formal literature, will not be studied in this text. However, you should be able to recognize them.

invitar	*invita~~ron~~*	*invitara* *invitaras* *invitara* *invitáramos* *invitarais* *invitaran*
responder	*respondie~~ron~~*	*respondiera* *respondieras* *respondiera* *respondiéramos* *respondierais* *respondieran*
vivir	*vivie~~ron~~*	*viviera* *vivieras* *viviera* *viviéramos* *vivierais* *vivieran*

Note that the *nosotros* form requires a written accent.

Since the imperfect subjunctive is formed from the preterite tense, any verb that is irregular in the *ustedes* form of the preterite will reflect the irregularity in the imperfect subjunctive. Note the examples below.

saber	*supieron*	*supiera* *supieras* *supiera* *supiéramos* *supierais* *supieran*
ser	*fueron*	*fuera* *fueras* *fuera* *fuéramos* *fuerais* *fueran*
tener	*tuvieron*	*tuviera* *tuvieras* *tuviera* *tuviéramos* *tuvierais* *tuvieran*

Because so many verbs are irregular in the preterite, you should review this tense carefully. Below are some frequently used verbs that have irregular preterites.

andar	*anduvieron*	***poner***	*pusieron*
dar	*dieron*	***producir***	*produjeron*
decir	*dijeron*	***querer***	*quisieron*
estar	*estuvieron*	***saber***	*supieron*
haber	*hubieron*	***tener***	*tuvieron*
hacer	*hicieron*	***traer***	*trajeron*
ir / ser	*fueron*	***venir***	*vinieron*
poder	*pudieron*		

Remember, as you saw with the conditional tense, any compound verb will reflect the irregularity of its root verb. For example: *tener (tuve), detener (detuve), mantener (mantuve), obtener (obtuve), sostener (sostuve),* etc. Note also that like *producir,* any verb that ends in *-ducir* will have *-duj-* in its preterite forms: *conducir (conduje), reducir (reduje), traducir (traduje),* etc.

HYPOTHETICAL SITUATIONS

The imperfect subjunctive is also used in subordinate **if** clauses that contain information that **at the present time** is very hypothetical, unlikely to occur, or contrary-to-fact. The main clause is usually in the conditional tense.

Examples: *Si yo* ***supiera*** *bailar tango,* **bailaría** *contigo.*
If I knew how to tango (I do not), I would dance with you.

Si me ***invitaran*** *a la fiesta,* ***asistiría.***
If they were to invite (should invite, invited) me to the party (they probably will not), I'd go.

To express these hypothetical, unlikely to occur, or contrary-to-fact situations **in the past**, Spanish uses the past perfect (also called pluperfect) subjunctive in the **if** clause, and the conditional perfect tense in the main clause. The **past perfect subjunctive** is formed with the **imperfect subjunctive** of *haber* and the **past participle** (*yo hubiera bailado, nosotros hubiéramos hablado,* etc.). The **conditional perfect** is formed with the **conditional** tense of *haber* and the **past participle** (*yo habría hablado, nosotros habríamos hablado,* etc.).

Examples: *Si yo* ***hubiera sabido*** *bailar tango,* ***habría bailado*** *contigo.*
If I had known how to tango (I did not), I would have danced with you.

Si me ***hubieran invitado*** *a la fiesta,* ***habría asistido.***
If they had invited me to the party (they did not), I would have gone.

NOTE: The **indicative**, not the subjunctive, is used in **if** clauses when the information is possible, likely to occur, or not contrary-to-fact.

Examples: *Si me* ***invitan*** *a la fiesta, voy a asistir.*
If they invite me to the party, I'll go.

Si ***baila*** *muy bien el tango, es porque lo aprendió en Buenos Aires.*
If he dances the tango so well, it's because he learned it in Buenos Aires.

EXERCISES

A. Rewrite the following sentences, changing the underlined verbs to the *conditional tense* to make the requests softer and more polite.

1. <u>Quiero</u> invitarte a cenar conmigo esta noche.

____

____

2. ¿<u>Tiene</u> usted la bondad de explicarme las reglas del tenis?

____

____

3. Me <u>debes</u> decir la verdad.

____

____

B. Now rewrite the sentences from exercise A, making them even softer and more polite by changing the underlined verbs to the *imperfect subjunctive*.

1. ____

____

2. ____

____

3. ____

____

C. Underline the Spanish sentence that is most appropriate in the following circumstances.

1. Your best friend Francisco loves the theater, and you just found out that the local playhouse is doing a series of García Lorca plays. You decide to ask Francisco if he wants to go.

¿Quisieras ir al teatro el mes que viene?

¿Quieres ir al teatro el mes que viene?

2. You call the theater box office to reserve tickets for next month's production of *Bodas de sangre.* The clerk informs you that it is customary to come to the theater personally to pick up the tickets. You decide to ask her to mail them to you.

   ¿Pudiera usted mandarme las entradas por correo?

   ¿Me manda las entradas por correo?

3. The night of the performance you are detained at work, and you pick up Francisco a half hour later than planned. On the way to the theater a policeman stops you and cites you for driving 80 miles per hour. While he is writing the ticket, you try to talk him out of it.

   ¿Me perdona usted esta vez?

   ¿Pudiera usted perdonarme esta vez?

   ¿Me perdonaría esta vez?

4. When you finally get to the theater, the play has already begun, and you politely ask the usher to seat you right away.

   ¿Podría usted sentarnos ahora mismo?

   ¿Puede sentarnos ahora mismo?

5. After the performance, Francisco has to use the restroom. You tell him you'll wait for him in the lobby.

   Te espero en el vestíbulo.

   Quisiera esperarte en el vestíbulo.

6. When you get to the parking lot, you discover that you did not bring your wallet. Somewhat embarrassed, you ask Francisco to lend you five dollars to pay for parking.

   ¿Me prestas cinco dólares?

   ¿Me prestarías cinco dólares?

D. Use the present tense, the conditional tense, or the imperfect subjunctive to write Spanish equivalents of the following requests made to the persons indicated in parentheses.

1. I want to leave work early. (to a friendly co-worker)

   ____

   ____

2. I'd like to leave work early. (to your immediate supervisor, with whom you are relatively comfortable)

   ____

   ____

3. I would very much like to leave work early tonight. (said extremely politely to the CEO of the company, who usually frowns on such requests)

____

____

4. Can you recommend a good movie? (to the co-worker)

____

____

5. Could you recommend a good movie? (to your supervisor)

____

____

6. Might you possibly be able to recommend a good movie? (to the CEO)

____

____

7. Will you pass me the salsa? (to your friend and co-worker, in the cafeteria)

____

____

8. Would you please pass me the salsa? (to your supervisor, at the company picnic)

____

____

9. Could you be so kind as to pass me the salsa? (to the CEO, at the annual company awards banquet)

____

____

E. Give Spanish equivalents of the following sentences according to the information given in parentheses.

1. (Marisol writes to me every month.) If Marisol writes to me next month, I'll answer her.

____

____

2. (Marisol refuses to write to me.) If Marisol wrote (were to write) me once in a while, I would answer her.

____

____

3. (Marisol did not write to me.) If Marisol had written to me, I would have answered her.

____

____

4. (Pedro and Mercedes plan to marry soon.) If Pedro and Mercedes get married, they will buy a house in the city.

____

____

5. (Pedro and Mercedes are not married.) If Pedro and Mercedes were married, they would buy a house in the city.

____

____

6. (Pedro and Mercedes did not marry.) If Pedro and Mercedes had married, they would have bought a house in the city.

____

____

F. In the spaces provided, write a very brief note to the following people.

1. your good friend Elena, asking her to call you tonight after her date with Luis

____

____

____

____

____

____

____

____

____

____

2. a new acquaintance of the opposite sex, asking him (her) if he (she) would be able to come to a party at your house next Saturday

____

____

3. Professor Araluce, asking her if she could possibly permit you to miss class on Wednesday so that you can attend your brother's wedding in Las Vegas

4. your brother and his girlfriend, begging them to invite Mom and Dad to their wedding

► Manos a la obra

A. Imagínese que ha decidido casarse y escriba la invitación perfecta para su boda. Si ya es casado(a), rescriba su invitación. Consulte la invitación de la página 138 si necesita un modelo.

B. Usted necesita que un(a) conocido(a), su profesor(a) o tal vez su asesor(a) le haga un favor. Escriba una nota solicitando ese favor. Use formas del condicional y del imperfecto del subjuntivo.

C. Haga una lista de sus pasatiempos o diversiones favoritas. Luego, escríbale una nota breve a un(a) compañero(a) para invitarlo(la) a hacer una de estas actividades.

____

____

____

____

____

____

____

____

____

____

D. Lea la siguiente crítica. Use su diccionario si desconoce algunos términos.

El bolero, que durante siglos ha sido la canción de amor del mundo de habla española, se ha difundido ahora más allá de Cuba, captando la imaginación de una vasta audiencia internacional. Si bien los estudiosos no están de acuerdo en cuanto a sus origenes, todos coinciden que esta forma musical puede describirse como una balada en ritmo lento o medio y con una letra romántica.

Hoy día los numerosos encantos del bolero siguen mostrándose tan vigorosos como cuando las estrellas de los años cincuenta como Lucho Gatica y Olga Guillot cantaban canciones como "Solamente una vez" y "Delirio", que se convirtieron en sinónimos de la cultura latinoamericana en el resto del mundo. En la medida en que las multimillonarias empresas grabadoras extraen de sus achivos las interpretaciones de famosos artistas como Beny Moré, Tito Rodriguez y el trio Los Panchos y las lanzan por primera vez en discos compactos para delicia de las nuevas audiencias de aficionados al bolero, cantantes que ni siquiera habían nacido en la época en que el bolero había llegado al apogeo de su popularidad han descubierto el género y se han apropiado de él. El extraordinario interés mundial por los esfuerzos de la nueva generación de intérpretes ha estimulado el resurgimiento del bolero al mayor nivel de popularidad en las últimas cuatro décadas.

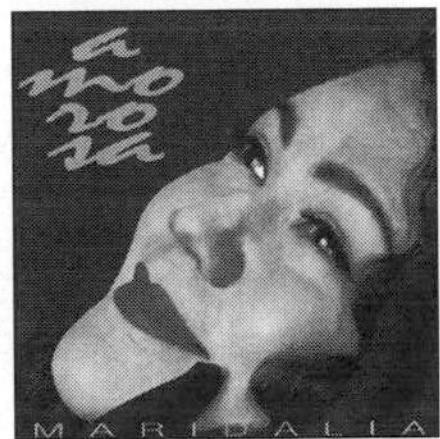

Con el lanzamiento de su álbum, Romance, la superestrella de la música pop mexicana, Luis Miguel, izquierda, reavivó la pasión por el bolero en el mundo entero. Maridalia Hernández, arriba, es una de las jóvenes cantantes que evocan en sus grabaciones el ritmo original y elegante de este género musical.

se ha difundido... *has spread*; **coinciden...** *agree*; **grabadoras...** *recording*; **apogeo...** *high point*; **esfuerzos...** *efforts*

E. Escríbale ahora usted una nota a un(a) amigo(a) para invitarlo(la) a un concierto de Luis Miguel. Use todas las razones que pueda para persuadir a su amigo(a) para que lo (la) acompañe. Use una hoja adicional para escribir su nota.

PARA LOS INTERNAUTAS

www

Vaya a **http://www.wiley.com/college/composicion,** busque la página que corresponde a este capítulo y haga los ejercicios indicados.

MÁS ALLÁ

Comente los siguientes temas con sus compañeros de clase. Luego escoja uno de ellos y escriba sus opiniones al respecto.

1. Generalmente no es fácil encontrar tarjetas producidas comercialmente que expresen lo que queremos decir. Las que se venden en las tiendas son impersonales. ¿Están ustedes de acuerdo? ¿Han tenido problemas para encontrar una tarjeta adecuada? ¿Han diseñado una tarjeta por medios eléctronicos o han recurrido al la «personalizacíon» que se ofrece en algunos sitios? Comenten algunas de sus experiencias.
2. Para algunas personas las diversiones y pasatiempos son una necesidad psicológica. Para otras no son más que una pérdida de tiempo. ¿Qué opinan ustedes? ¿Podrían pensar en algunos ejemplos específicos?
3. Se ha dicho que la televisión tiene una influencia negativa en los niños y adolescentes. ¿Qué clase de experiencias han tenido ustedes como telespectadores? Podrían pensar en varios tipos de programa: programas de violencia, comedias, programas educativos, etc.

En esta página podrá anotar sus ideas respecto a este capítulo o bien referirse a un episodio de su propia vida.

Querido diario:

Capítulo 8

La amistad

Divirtiéndose con los amigos, Córdoba, España.

Objectives

Upon completion of this chapter you should be able to:

- write personal letters
- utilize appropriate vocabulary to write about friends and friendship
- use the subjunctive mood in noun clauses to express wishes, emotion, or doubt

▶ Para hablar del tema

VOCABULARIO ESENCIAL

Estudie las siguientes palabras y expresiones. Le pueden resultar útiles para entender el capítulo y escribir sobre la amistad y los amigos.

Sustantivos

el afecto	*affection, fondness*
el (la) amigo(a) de infancia	*childhood friend*
el buzón	*mailbox*
el (la) camarada	*partner, companion*
el cariño	*affection, love*
el (la) compañero(a)	*companion, mate*
la comprensión	*understanding*
el correo aéreo	*airmail*
la despedida	*farewell, closing of letter*
la dirección	*address*
la entrega inmediata	*immediate delivery*
la estampilla / el sello	*postage stamp*
el papel de carta	*stationery*
el saludo	*greeting*
el secreto	*secret*
el sentido del humor	*sense of humor*
las señas	*address*
el sobre	*envelope*
la vicisitud	*ups and downs, vicissitude*

Verbos

compartir	*to share*
disculparse	*to apologize*
echar de menos	*to miss*
hacerle falta	*to miss someone; to lack*

Adjetivos

amistoso(a)	*friendly*
cariñoso(a)	*affectionate*
cómico(a)	*funny, comical*
comprensivo(a)	*understanding*
fiel	*faithful*
íntimo(a)	*close*

A. Lea la siguiente fábula de Esopo. Si no sabe algunos de los términos, búsquelos en su diccionario.

Los dos amigos

Dos amigos viajaban juntos cuando, de pronto, un oso° se cruzó en su camino. Uno de ellos subió rápidamente a un árbol y se escondió en sus ramas°. El otro, menos ágil que el primero, fracasó° en sus intentos y no pudo protegerse en el árbol. Resignado a su mala suerte, se tiró° al suelo, contuvo la respiración y se hizo el muerto° lo mejor que pudo. El oso se acercó, lo olfateó°, le lamió° la oreja y, convencido de que estaba muerto, siguió su camino tranquilamente. (Parece ser que los osos sólo se interesan en presas° vivas.) Una vez que la fiera° desapareció, el amigo que había presenciado la escena desde la seguridad del ramaje descendió del árbol y, con un tono jocoso°, le preguntó al otro:

—¿Qué secreto te susurró° ese oso al oído?

—Me dijo: —contestó el interpelado°— «Nunca viajes con un amigo que te abandona en el peligro».

Moraleja°: El infortunio prueba la sinceridad de los amigos.

bear
branches/ failed/ he threw himself/ played dead/ sniffed/ licked/ prey/ beast
joking
whispered
person questioned
Moral of the story

B. Conteste las siguientes preguntas sobre el texto.

1. Según la fábula, ¿por qué no se interesó el oso en el amigo que fingió (*pretended*) estar muerto?

____

____

2. ¿Está usted de acuerdo con la moraleja de la historia? Explique.

____

____

____

3. ¿Ha tenido usted una situación en su vida en la que un(a) amigo(a) lo (la) haya abandonado en un momento difícil? Brevemente narre su historia.

____

____

____

____

____

____

____

____

____

____

4. ¿Cómo describiría a un(a) buen(a) amigo(a)? Usted podría usar algunas de la siguientes palabras en su respuesta.

sincero(a) / colaborador(a) / cariñoso(a) / comprensivo(a) / buena compañía / compartir las vicisitudes de la vida / ofrecer consuelo / saber perdonar

____

____

____

____

____

____

____

____

____

____

C. Ahora haga una lista de las palabras del Ejercicio A que usted no conocía. Añada otras expresiones que considere útiles para escribir sobre los amigos y la amistad. Si es necesario, busque su significado en el diccionario.

__________	__________	__________
__________	__________	__________
__________	__________	__________
__________	__________	__________
__________	__________	__________
__________	__________	__________
__________	__________	__________
__________	__________	__________
__________	__________	__________
__________	__________	__________

VOCABULARIO CLAVE

Las palabras de esta sección son de uso muy frecuente. Estúdielas y apréndalas. Le ayudarán en sus trabajos de redacción.

en efecto *as a matter of fact*

En efecto, mi cuarto me gusta mucho.

de repente *all of a sudden*

De repente, empezó a llover.

además de *besides*

Además de mal nadador, yo era cobarde.

► Análisis de la carta personal

Para mantener amistades a larga distancia, a veces es necesario escribir cartas personales, ya que no es siempre posible hablar de todo por teléfono. Esta sección le dará la oportunidad de aprender y practicar la redacción de cartas personales.

Puesto que una carta familiar o amistosa es básicamente una conversación por escrito, a veces es útil imaginar que nuestro amigo o familiar se encuentra con nosotros y le estamos narrando una historia o haciéndole preguntas. El tono amistoso surgirá (*will arise*) entonces en forma espontánea. Básicamente su trabajo debe incluir: la fecha, alguna forma de introducción o saludo, el cuerpo de la carta y una despedida.

Estudie las dos cartas que siguen. Observe el saludo, la despedida y especialmente el tono y el lenguaje de cada una.

Los Ángeles, 2 de diciembre de 1999

Recordados Juan Miguel y Gloria:

Sé que no he escrito en casi un año. No me lo tienen que recordar. ¿Qué quieren que haga? Ésa es mi naturaleza: ¡pe-re-zo-so! Bueno, ya basta de disculpas. Pensándolo bien, ustedes tampoco me han escrito, pero eso no importa, ¿verdad? Lo que cuenta es que siempre les recuerdo con afecto.

¿Cómo está la nenita? Tengo muchos deseos de conocerla. Si es tan bonita y simpática como la mamá, va a ser una futura «Srta. Universo». Perdón, esta brocha° está muy vieja. Debo conseguirme otra. (¡ja! ¡ja!) ¿Entendieron mi chiste? En Costa Rica usamos «pasar la brocha» como sinónimo de adular°.

La invitación sigue en pie° para que nos visiten cuando puedan. Apuesto° que no les vendría mal unas vacaciones en California. Hay tanto que ver y hacer aquí.

Mi vida sigue su rutina sin mayores contratiempos°. Este semestre tomo composición, literatura, psicología y matemáticas. Aunque mis clases exigen mucho trabajo, no puedo quejarme. Los profesores son buenos en su mayor parte y estoy aprendiendo mucho.

Me temo que ésta va a ser una de mis lacónicas° cartas, tipo telegrama, mejor conocidas como «notas». Cuando tenga mis vacaciones, les prometo que voy a escribirles con todos los detalles, o aún mejor, voy a visitarlos.

Un abrazo bien fuerte,

Elvira Sotomayor

brush
flatter
stands/I bet
inconveniences
short

Chicago, 18 de septiembre de 1999

Muy queridos don Manuel y doña Pilar:

Acabo de volver a Chicago y estoy tratando de acomodarme°. La residencia estudiantil es un edificio viejo; mi cuarto, sin embargo, tiene bastante carácter propio y, en efecto, me gusta mucho. Hay una ventana que da a un jardín y mi estudio está siempre lleno de luz. — get settled

La última semana de mi viaje por España fue inolvidable. Después de enviarles la tarjeta desde Madrid, fui con dos compañeros a Granada. Aunque los trenes que van al sur son muy rápidos y cómodos, mis amigos me convencieron que alquiláramos un coche. Yo tenía mis dudas sobre el asunto, pero resultó ser una buena idea. Nos dio la oportunidad de detenernos en pueblitos y así conocer un poco mejor a la encantadora gente andaluza.

Al llegar a Granada, fuimos primero a la catedral. ¡Tenía tantos deseos de ver la tumba de los Reyes Católicos! El resto del tiempo lo pasamos explorando y saboreando la incomparable Alhambra. Nunca creí que los moros° hubieran producido una joya° arquitectónica de tanto esplendor, lujo y refinamiento. Les digo que si pudiera reencarnar, sin duda alguna, sería como califa° árabe granadino° del siglo XV. — Moors / jewel / caliph/from Granada

Dejamos el coche en Granada y volvimos a Madrid en tren. Al día siguiente salimos para Chicago y aquí estoy, preparándome para el primer día de clases. Después de un viaje tan fantástico es difícil «descender de las nubes°», pero les aseguro que ya he bajado y que voy a concentrar todos mis esfuerzos en mis estudios. — clouds

No puedo encontrar palabras para agradecerles todas sus bondades; así que tendrán que bastar°: «mil gracias, mis queridos padres». Abrazos a Martina, Concepción y Joselito. — suffice

Con todo el cariño de su hijo americano,
Ricardo

A. ¿Es usted buen(a) observador(a)? ¿Qué expresiones crean el tono amistoso de las cartas? Copie algunos ejemplos de las cartas anteriores en las líneas que siguen.

____

____

B. Toda carta incluye un saludo que varía según el grado de amistad. Los siguientes son posibles saludos:

Querido(a) hermano(a):
Recordado(a) amigo(a):
Amor mío:
Mi cielo:

¿Qué otros saludos podría usar? Escríbalos aquí.

C. Una vez completado el texto, viene la despedida. A continuación hay varios ejemplos de despedidas:

Cariñosamente,
Afectuosamente,
Un abrazo bien fuerte de,
Con todo el cariño de tu hija,

¿Qué otras formas de despedirse podría usar? Escríbalas aquí.

► Para escribir mejor

CÓMO NARRAR UNA ANÉCDOTA

A. Lea la siguiente historia basada en un cuento corto del costumbrista costarricense Manuel González Zeledón.

Un baño en la presa

Crucé en compañía de mi hermano Chepe la esquina en dirección a la plaza principal, llegué a la tienda de don Maurilio y doblé a la derecha. Íbamos a la escuela una mañana del mes de marzo. Mi equipo° consistía en camisa con sus dos bolsas pecheras°, pantalones cortos y botas. Bajo el brazo llevaba en un bulto° un cuaderno, una regla°, un mango° verde y una botella de limonada. Los mejores propósitos me llevaban a esa hora a mis cotidianas° lecciones. Pellizcaba° de cuando en cuando el mango y saboreaba su cáscara°.

equipment
front pockets/
sack/ruler/
mango (fruit)/daily/
I nibbled/
skin

De repente, siento un par de manos olorosas a zumo° de naranja sobre los ojos y oigo una voz vibrante y juvenil que me grita:

juice

—¡Manuelillo, escapémonos de la escuela y vamos a bañarnos a La Presa! Van con nosotros Toño Arguedas, los Pinto y el Cholo Parra.

El que me llamaba con tanta zalamería° era mi amigo íntimo, mi compañero inseparable, mi siempre admirado Alejandro González Soto, quien hoy duerme el sueño eterno en el fondo del océano, digna tumba de tan digno carácter.

studied flattery

Dudé un instante; el deber° me llamaba a la escuela. Veía pasar ante mis ojos, amenazadora° y terrible la figura de mi padre. Hice un débil esfuerzo para alejar° aquella visión importuna° y, como el acero° sigue al imán°, me sentí arrastrado° por el placer de la escapatoria° y el baño y contesté:

duty
menacing
to push away/
disturbing/
steel/
magnet/
dragged/
escapade/

—Bueno, vamos.

Deshicimos parte del camino recorrido° y, a saltos y a brincos°, llegamos a La Presa.

We decided to go back/
jumping up and down/

El Cholo, Toño y los Pinto eran excelentes nadadores. Se lanzaban al agua y después de estar largo rato zambullidos°, salían airosos°. Alejandro y Chepe también nadaban muy bien de lado y de espalda. Yo era, además de mal nadador, cobarde°. Con estilo de perro cruzaba, ahogándome°, la parte menos profunda.

submerged/
stylishly/
coward/
almost drowning

Todos los compañeros estaban en el agua; sólo yo tiritaba°, sentado en la orilla°, contemplando envidioso los graciosos movimientos de los nadadores.

—¿No te vas a tirar°? —me gritó Alejandro.

—Ayudémoslo. —vociferaron a coro°. Y me lanzaron a medio río.

Me ahogaba°, tragaba° agua. Estaba perdido. Mis esfuerzos eran impotentes para salvarme. Sentí que me tiraban de una mano y por fin la luz hirió° mis ojos. Eché a llorar en medio de las carcajadas° de mis compañeros y me encaminé cabizbajo° al lugar donde me había desvestido. Traté de ponerme la ropa pero no pude. Mis camaradas habían anudado° las piernas del pantalón con las mangas° de la camisa. Después de mucho trabajo logré deshacer el daño y vestirme. ¡Nuevo tormento! Se habían comido mi mango, se habían tomado mi limonada y se habían llevado mi bulto.

Lloré largo rato, me encaminé a casa con un miedo horrible. Llegué cuando principiaban a servir el almuerzo. Oí la voz airada° de mi papá que preguntaba por mí. Caí junto a la puerta víctima de un desmayo°.

shivered
river bank
Aren't you going to jump in?/in unison/I was drowning/ swallowing/ struck/ hearty laughs/ down-hearted/ knotted/ sleeves
irate
fainting spell

OBSERVE... el uso de la preposición **de** en la frase *"Traté **de** ponerme la ropa".*

B. Con un(a) compañero(a), haga un resumen del cuento.

____

____

____

____

____

____

____

____

____

____

C. A casi todos nosotros se nos ha instigado a hacer algo indebido (*inappropriate*). Quizá, nosotros mismos hayamos convencido a alguien de que quebrantara (*to break*) la ley o la autoridad. Puede ser también que un(a) compañero(a) nos haya sacado de un lío (*jam, predicament*). En las líneas que siguen escríbale una carta a un(a) amigo(a) y cuéntele una anécdota sobre una de estas situaciones.

____

____

▶ Estructuras en acción

THE SUBJUNCTIVE IN NOUN CLAUSES

Personal letters often express wishes, desires, requests, hopes, doubts, denials, suggestions, or emotional reactions. In Spanish, such expressions may require the use of the subjunctive under certain conditions. The subjunctive is frequently used in the **subordinate** (dependent) clause of a complex sentence when the verb of the main (independent) clause is a verb of the **will**, a verb of **emotion**, a verb of **doubt** or **negation**, or an **impersonal expression.**[1]

In the letter on page 164, for example, Elvira asks Juan Miguel and Gloria *"¿Qué quieren (ustedes) que (yo) haga?"* **(What do you want me to do?)** The verb of the main clause **(you want)** is a verb of the will; therefore, the verb of the subordinate clause **(that I do)** must be in the subjunctive.

When Ricardo writes to don Manuel and doña Pilar, his "adopted" Spanish parents (page 165), he explains to them that his friends talked him into renting a car: "...mis amigos me convencieron que alquiláramos un coche." In the main clause Ricardo's friends imposed their will (. . . my friends convinced me); therefore, the verb of the subordinate clause (. . . that we should rent a car) is subjunctive.

Subjunctive with Verbs of the Will

Whenever the verb of the main clause is a verb of the will, the verb of the subordinate clause is in the subjunctive, provided that there is a subject change.

Examples: *Maruja prefiere que Fernando le escriba.*
Maruja prefers that Fernando write to her.
(subject change: Maruja → Fernando)

Maruja quería que Fernando le escribiera.
Maruja wanted Fernando to write to her.
(subject change: Maruja → Fernando)

[1]An impersonal expression consists of the third-person singular of *ser* (any tense) plus an adjective; for example, *es necesario, es importante, era triste, fue fantástico,* (*no*) *es verdad.* The subject of an impersonal expression is **it** (understood).

If there is no subject change, an infinitive is used instead of a subordinate clause.

Examples: *Maruja prefiere escribirle a Fernando.*
Maruja prefers to write to Fernando.
(no subject change)

Maruja quería escribirle a Fernando.
Maruja wanted to write to Fernando.
(no subject change)

Some commonly used verbs of the will are:

aconsejar	*to advise*
decir	*to tell, order, command* (but not when it means *to say, communicate information, inform)*
dejar	*to allow*
desear	*to wish*
exigir	*to demand*
hacer	*to make someone do something*
impedir (i, i)	*to prevent*
insistir en	*to insist on*
mandar	*to order, command* (but not when it means *to send)*
pedir (i, i)	*to ask, to request*
preferir (ie, i)	*to prefer*
prohibir	*to forbid, prohibit, keep from*
querer (ie)	*to want*
recomendar (ie)	*to recommend*
rogar (ue)	*to beg, implore*
sugerir (ie, i)	*to suggest*

A few verbs have more than one meaning: sometimes they express will (a command, request, or wish), and other times they simply convey information. They are followed by the subjunctive **only** when they express will. Some verbs of this type are *decir, escribir,* and *insistir.*

Examples: *Me* ***dice*** *que lo* ***llame*** *a menudo.*
He tells (orders) me **to call** him often. (command)

but

Me ***dice*** *que lo* ***llama*** *a menudo.*
He **tells** me that **she calls** him often. (information)

Me ***escribe*** *que* ***vuelva****.*
He writes me **to return**. (command)

but

Me ***escribe*** *que* ***vuelve****.*
He writes me that **he is returning**. (information)

Subjunctive with Verbs of Emotion

When the main clause expresses an emotion (such as joy, surprise, fear, sadness, sorrow, etc.), the verb of the subordinate clause is in the subjunctive, provided that there is a change of subject.

Examples: ***Me alegré*** *de que (tú) me* ***escribieras.***
I was happy that **you wrote** to me.
(subject change: [*yo*] → *tú*)

Yo **siento** que tú no me **escribas**.
I am sorry that **you don't write** to me.
(subject change: *yo* → *tú*)

If there is no change of subject, an infinitive is used instead of a subordinate clause.

Example: ***Me alegro*** *de* ***escribir****te.*
I am happy that **I am writing** to you.

You should know these common verbs and expressions of emotion.

alegrarse (de)	*to be glad, happy*
esperar	*to hope* (not *to wait)*
estar contento(a) (de)	*to be happy, content*
estar furioso(a)	*to be furious*
gustar	*to please*
sentir (ie, i)	*to regret, be sorry*
sorprender	*to surprise*
temer	*to fear*
tener miedo (de)	*to be afraid*

The verb *temer* is usually followed by the indicative when it conveys a degree of certainty, . . .

Example: ***Temo*** *que* ***va*** *a llover.*
I think (I'm afraid) it's going to rain.
(no emotion expressed, degree of certainty)

but it takes the subjunctive when it expresses emotion.

Example: ***Temo*** *que* ***vaya*** *a llover.*
I'm afraid (It makes me afraid) that **it might** rain.
(emotion expressed, degree of uncertainty)

Subjunctive with Verbs of Doubt or Negation

When there is a change of subject, a verb expressing doubt, negation, uncertainty, or denial in the main clause will require the subjunctive in the subordinate clause.

Example: ***Dudo*** *que* ***Luis pueda*** *ir.*
I doubt that **Luis can** go.
(subject change: I → Luis)

An infinitive is used instead of a subjunctive clause if there is no change of subject.

Example: ***Dudo poder*** *ir.*
I doubt that **I can** go.

Here are some commonly used verbs of doubt or negation.

dudar	*to doubt*
negar (ie)	*to deny*
no creer	*to not believe*
no estar seguro(a)	*to be uncertain, unsure*
no pensar, (ie)	*to not think*

Note that in the case of verbs like *dudar* and *negar,* negating the verb makes it **affirmative**. It is then followed by the indicative rather than the subjunctive.

Examples: ***Dudamos*** *que* ***esté*** *contenta.*
We doubt that **she is** happy.

but

No dudamos *que* ***está*** *contenta.*
We don't doubt (We are sure) that **she is** happy.

Subjunctive with Impersonal Expressions

All impersonal expressions, except *es verdad* (or similar expressions of certainty) are followed by the subjunctive when there is a **change of subject**.

Examples: ***Es necesario*** *que Marta* ***escriba*** *una carta.*
It's necessary for Marta **to write** a letter.
(subject change: it → Marta)

Fue imposible *que Marta* ***escribiera*** *ayer.*
It was impossible for Marta **to write** yesterday.

When there is no subject change, an infinitive is used instead of a subordinate clause.

Examples: ***Es necesario escribir*** *una carta.*
It's necessary to write a letter.

Fue imposible escribir *ayer.*
It was impossible to write yesterday.

Here are some frequently used impersonal expressions that require a subjunctive in the following clause.

es importante	*it is important*
es imposible	*it is impossible*
es increíble	*it is incredible*
es interesante	*it is interesting*
es justo	*it is fitting*
es (una) lástima	*it is a shame*
es mejor	*it is better*
es natural	*it is natural*
es necesario	*it is necessary*
es posible	*it is possible*
es preciso	*it is necessary*
es probable	*it is probable*
es ridículo	*it is ridiculous*
es urgente	*it is urgent*

The **indicative** follows *es verdad* and similar expressions that express certainty.

es cierto	*it is certain)*
es claro	*it is clear*
es evidente	*it is obvious*
es indiscutible	*it is beyond discussion*
es indudable	*it is beyond doubt*
es obvio	*it is obvious*
es seguro	*it is certain*
es un hecho	*it is a fact*

Examples: ***Es verdad*** *que Helia* ***tiene*** *muchas amigas;* ***no es verdad*** *que* ***tenga*** *muchos amigos.*

It's true that Helia **has** a lot of girlfriends; **it's not true** that **she has** many boyfriends.

EXERCISES

A. Find the sentence in Ricardo's letter (page 165) in which he uses the subjunctive to express doubt or disbelief.

1. Copy it here.

____

____

2. Now write its English equivalent.

____

____

B. Write Spanish equivalents of the following sentences.

1. Guillermo calls me occasionally, but I want him to call more often.

2. I was happy that Estela visited us, but I was sorry that she couldn't stay longer.

3. It was true that Refugio and I were close friends, but it was a pity we didn't write each other more often.

4. What a jerk! (*¡Qué estúpido!*) First he writes me that he is coming to visit; then he writes me to send him money for the ticket.

5. I insist on being loyal, and I insist that my friends be loyal too.

C. Your best friend, Mayra, who attends college in Madrid, has written that she is very unhappy. Write her back expressing your concern and offering advice. Combine the following fragments to produce complex sentences and make all necessary changes. Follow the example.

Example: yo / alegrarse de // tú / tener oportunidad de conocer Madrid
Me alegro de que tengas la oportunidad de conocer Madrid.

1. yo / sentir // tú / no estar contenta

2. yo / querer // tú / escribir más

____

____

3. yo / saber // tú / echar de menos a tu familia y amigos

____

____

4. yo / sugerir // tú / hacerse amiga de otros estudiantes de la universidad

____

____

5. yo / no pensar // tú / deber abandonar tus estudios

____

____

6. yo / esperar // tú / seguir mis consejos y // todo te ir bien

____

____

D. Con un(a) compañero(a), termine la siguiente carta.

____________, ____ de ____________ de 19 ____

____________ Fernando:

Siento haber tardado tanto en contestar tu última carta, pero aquí es necesario ____________________

____

____

____

____.

Realmente no hay nada de nuevo por aquí. Este semestre sigo cursos en ____________________

____,

así que el tiempo se me escapa muy rápidamente. Además de mis estudios, ____________________

____

____

____ .

Como bien puedes imaginar, estoy muy ocupado(a) durante la semana; sin embargo, en los fines de semana _______________

____

____

____

____ .

¡Ojalá que te vaya bien en todo! Me alegro de saber que tú

____

____

____ .

¡Y qué bueno que _______________________________

____

____ !

Pero es una lástima que _________________________

____

____

____

____ .

Cuando vengas a visitarme ______________________

____

____

____

____

____ .

Vamos a divertirnos mucho. Diles a tus padres que __________

____

____

____ .

Llama a Pablo y dile que me escriba.

Se despide tu amigo(a) de siempre,

____

E. In the last line of the letter in Ejercicio D, explain why the writer uses the subjunctive *escriba* rather than the indicative *escribe.*

____

____

____

F. In the first line of the letter in Ejercicio D, a verb of emotion (*Siento...*) is used, but it is not followed by a subjunctive. Why?

____

____

____

Manos a la obra

A. El siguiente es un fragmento de una carta de Macedonio Fernández a su amigo, el ilustre escritor argentino Jorge Luis Borges. Es una ingeniosa carta con un gran sentido de humor. Prepárese para lo imprevisto (*unexpected*) y lea la carta junto con un(a) compañero(a). Si tienen problemas, consulten con su profesor(a).

> Querido Jorge:
> Iré esta tarde y me quedaré a comer si hay inconveniente y estamos con ganas de trabajar. (Advertirás que las ganas de cenar ya las tengo y sólo falta asegurarme las otras.)
>
> Tienes que disculparme el no haber ido anoche. Soy tan distraído° que iba para allá y en el camino me acuerdo de que me había quedado en casa. Estas distracciones frecuentes son una vergüenza° y hasta me olvido de avergonzarme.
>
> Estoy preocupado con la carta que ayer concluí y estampillé para vos°; como te encontré antes de echarla al buzón° tuve el aturdimiento° de romperle el sobre y ponértela en el bolsillo°: otra carta que por falta de dirección se habrá extraviado°. Muchas de mis cartas no llegan, porque omito el sobre o las señas o el texto. Esto me trae tan contrariado° que te rogaría vinieras a leer ésta a casa.
>
> *Macedonio*

absent-minded

shame

you (informal), Argentina

mail it/ stupidity/ pocket/has probably been lost/ upset

B. El sentido de humor del autor se nota en la forma en que trastoca (*disarranges*) la realidad y se burla (*makes fun*) del universo que conocemos. Por ejemplo, en las dos primeras líneas dice que irá *si hay inconveniente* cuando normalmente se diría *si no hay inconveniente*. ¿Por qué cree usted que las siguientes oraciones introducen un tono cómico a la carta?

1. Soy tan distraído que iba para allá y en el camino me acuerdo de que me había quedado en casa.

____

____

____

____

____

____

____

2. Estas distracciones frecuentes son una vergüenza y hasta me olvido de avergonzarme.

3. Muchas de mis cartas no llegan, porque omito el sobre o las señas o el texto.

C. En una hoja adicional, escríbale una carta de tono cómico a un(a) amigo(a) y entréguesela a su profesor(a). Aproveche la oportunidad para usar su sentido de humor.

WWW

PARA LOS INTERNAUTAS

Vaya a **http://www.wiley.com/college/composicion,** busque la página que corresponde a este capítulo y haga los ejercicios indicados.

MÁS ALLÁ

Comente los siguientes temas con sus compañeros de clase. Luego escoja uno de ellos y escriba sus opiniones al respecto.

1. La amistad, ¿cuáles son sus límites? ¿Cuánto debe sacrificarse un(a) amigo(a) por otro(a)? ¿En qué momento es lo que pide un(a) amigo(a) inaceptable?
2. El perro es el mejor amigo del hombre. ¿Están ustedes de acuerdo? ¿Por qué? ¿Podrían citar algunos ejemplos?
3. ¿Puede la relación entre un hombre y una mujer ser solamente amistad? ¿Creen ustedes que son inevitables las relaciones íntimas? Den algunos ejemplos para ilustrar su posición.

En esta página podrá anotar sus ideas respecto a este capítulo o bien referirse a un episodio de su propia vida.

Querido diario:

Capítulo 9

El mundo de los negocios

La entrevista es un paso muy importante para obtener un trabajo.

Objectives

Upon completion of this chapter you should be able to:

- write memoranda and business letters
- utilize appropriate vocabulary to write about business
- use the subjunctive mood in adjective and adverb clauses that describe unknown entities and events yet to occur

► Para hablar del tema

VOCABULARIO ESENCIAL

Estudie las siguientes palabras y expresiones. Le pueden resultar útiles para entender el capítulo y escribir sobre el mundo de los negocios.

Sustantivos

el aviso	*announcement*
la bancarrota	*bankruptcy*
los bienes	*goods*
la carta de recomendación	*reference letter*
la colocación	*position, job*
el (la) destinatario(a)	*recipient*
la empresa	*business, company, firm*
la entrevista	*interview*
el (la) entrevistador(a)	*interviewer*
el facsímil	*fax*
las finanzas	*finances*
la firma	*firm, company, signature*
los fondos	*funds*
la gerencia	*management*
el (la) gerente	*manager*
la hoja de datos / la hoja de vida / el currículum vitae	*résumé*
el impuesto sobre la renta	*income tax*
la inversión	*investment*
el membrete	*letterhead*
la meta	*goal*
la posición	*position, job*
el préstamo	*loan*
el puesto	*job, position*
la referencia	*reference*
el (la) remitente	*sender*
la sociedad anónima (S.A.)	*incorporated business, corporation*
el (la) solicitante	*applicant*
la solicitud	*application*
el (la) subalterno(a)	*subordinate*
la vacante	*job opening*

Verbos

brindar / prestar servicios	*to offer services*
desempeñar un trabajo	*to work; to do one's job*
invertir (ie, i)	*to invest*
realizar estudios	*to study*
rogar (ue) / suplicar	*to request; to beg*

Adjetivo

financiero(a) *financial*

Adverbios

atentamente / sinceramente *sincerely*

A. Lea la siguiente oferta de empleo, la carta de la solicitante y su currículum vitae.

IMPORTANTE INDUSTRIA ALIMENTARIA REQUIERE:

CONTADOR GENERAL

Los aspirantes deben ser contadores privados, preferiblemente graduados, o estudiantes avanzados en contaduría pública, tener una experiencia de tres años como mínimo en el sector industrial y amplios conocimientos de computación.

El candidato ideal debe poseer un desempeño exitoso en materia tributaria, en trámites de importación y exportación, y en contabilidad de costos.

La edad de los aspirantes debe ser de 30 a 35 años, los cuales deben estar dispuestos a iniciar labores de inmediato.

Los interesados por favor envíen su currículum vitae, con sus aspiraciones salariales, a C&C Consultores S.A., apartado 6452-1000 San José, o bien por medio del facsímil No. 25-75-32. Consideraremos las ofertas recibidas hasta el 16 de setiembre, inclusive. Garantizamos el trato confidencial de sus documentos.

C & C
Consultores s.a.
Coopers
& Lybrand

Soluciones para su negocio

San José, 10 de septiembre de 1999

C&C Consultores S.A.
Apartado 6452–1000
San José

Muy estimados señores:

Leí con sumo interés el aviso que su empresa° publicó en *La Nación* en el cual se solicitan los servicios de un contador general.

° **business**

Tengo 32 años, soy graduada de la Escuela de Comercio de la Universidad Nacional, he trabajado con la Compañía Constructora Nacional por cuatro años y tengo experiencia en computación, como se explica en mi currículum vitae.

Quedaré muy agradecida° si ustedes tuvieran la bondad de concederme una entrevista para exponer en detalle el tipo de servicio que podría desempeñar en su firma.

grateful

Si desean cartas de recomendación se las enviaré gustosa.

Atentamente,
Julieta Prado Loría
Julieta Prado Loría

CURRÍCULUM VITAE

Julieta Prado Loría
Calle 8, Avenida 12, Moravia, San José
Teléfono 221-53-79

Metas profesionales
Superarme° en el campo de la contaduría pública y de los negocios

To achieve excellence

Educación
1998 —Universidad Estatal de Santo Tomás, seminario en computación para contadores públicos
1993-1997 —Universidad Nacional, título en contaduría
1987-1992 —Colegio Superior de San Blas, bachillerato

Experiencia
1998 al presente, Compañía Constructora Nacional, contaduría pública de la empresa. Encargada del° departamento de finanzas, responsable de la preparación del impuesto sobre la renta
1994-1997 —asistente del gerente, Supermercados Gigante

In charge of the

Habilidades en computación
hoja electrónica de cómputo°, conocimiento de Data Base

computer spreadsheet

B. Conteste las siguientes preguntas sobre el anuncio, la carta y el currículum vitae.

1. ¿Qué condición se pide a los aspirantes en la oferta de empleo que es ilegal en los Estados Unidos?

___

2. Si usted estuviera a cargo de reclutar candidatos para el puesto de Consultores Coopers & Lybrand S. A., ¿le concedería usted una entrevista a Julieta? Explique sus razones.

___

___

___

___

___

___

___

3. En el aviso se pide que se envíen, junto con el currículum vitae, las aspiraciones salariales. Julieta omitió ese detalle. ¿Le parece a usted buena o mala táctica? ¿Por qué?

___

___

___

___

C. Ahora haga una lista de las palabras del Ejercicio A que usted no conocía. Añada otras expresiones que considere útiles para escribir sobre los negocios. Si es necesario, busque su significado en el diccionario.

___	___	___
___	___	___
___	___	___
___	___	___
___	___	___
___	___	___
___	___	___
___	___	___
___	___	___
___	___	___

VOCABULARIO CLAVE

Las palabras de esta sección son de uso muy frecuente. Estúdielas y apréndalas. Le ayudarán en sus trabajos de redacción.

estar dispuesto(a) a *to be ready to*

Los candidatos deben **estar dispuestos a** empezar su trabajo de inmediato.

sumo *extreme*

Leí con **sumo** interés su oferta de trabajo.

como mínimo, al menos *as a minimum, at least*

Como mínimo debe tener tres años de experiencia en el campo de los negocios.

Al menos debe tener tres años de experiencia en el campo de los negocios.

Análisis de los memorandos y las cartas comerciales

LOS MEMORANDOS

Los memorandos o «memos» son mensajes que se envían dentro de una institución. Son comunicados informales y generalmente cortos. De ordinario los jefes usan este tipo de mensaje para dar instrucciones o notificaciones a sus subalternos. Un memorando se caracteriza por su concisión y claridad.

Hay ocho elementos básicos en un memorando:

1. **el membrete**, es decir, la inscripción con el nombre y señas de la compañía o institución que expide el escrito.
2. **la fecha**
3. **el destinatario** (A: ______________)
4. **el origen** (De: ______________)
5. **el asunto** (el tema o el tópico del memo)
6. **el mensaje** (texto del memorando) y
7. **las iniciales o firma**

Observe ahora dos posibles formatos para un memorando:

```
                Membrete
            (dos espacios)
               Memorando

    (de cuatro a seis espacios)

                 Fecha:
            (dos espacios)
A:       ____________________________
De:      ____________________________
Asunto:  ____________________________
            (dos espacios)


           texto del mensaje

          (cuatro espacios)


         firma  ______________
```

```
                Membrete
            (dos espacios)
               Memorando

    (de cuatro a seis espacios)
A:       ____________________________
De:      ____________________________
Fecha:   ____________________________
Asunto:  ____________________________
            (dos espacios)

           texto del mensaje
```

Existen variaciones en el formato del memorando. Por ejemplo, después del membrete y la palabra **memorando**, se puede escribir la fecha; también es posible colocarla (*to place it*) antes del asunto. La firma se incluye en algunas ocasiones; en otras, solamente aparecen las iniciales junto al nombre del remitente. La preposición más corriente para señalar el destinatario es **a**; la preposición **para** también se puede usar.

Observe los siguientes ejemplos de memorandos.

```
INA
                    MEMORANDO

A: D. Prog. Especiales      Fecha: 22 de enero de 1999

De: Lic. Raquel Ortiz A.    Asunto: Envío documento
                    RO

Le remito el documento recibido de CINTERFOR,
«Anuario estadístico de la formación profesional
en América Latina».

El ejemplar es para uso de su departamento por lo
cual le ruego notificar a todos los funcionarios
que se encuentren bajo su dirección.
```

```
UNIVERSIDAD TÉCNICA ESTATAL DE SANTO TOMÁS

                    MEMORANDO

A:         Cuerpo docente° y alumnado
De:        Dimas Molina Alvarado
Fecha:     8 de noviembre de 1999
Asunto:    Nuevas regulaciones de estacionamiento

De acuerdo con las nuevas regulaciones vigentes°
a partir del próximo mes de diciembre, el cuerpo
docente usará los estacionamientos A y B
ubicados° detrás de la biblioteca. Los
estudiantes estacionarán sus vehículos en las
secciones C, D y F. La sección G se reserva para
los visitantes y los minusválidos°.
```

Faculty

in effect

located

handicapped

A. Relea el memorando anterior (de Dimas Molina Alvarado) e identifique sus partes.

1. ¿Quién es el remitente?

____

2. ¿Cuál es el mensaje del memo?

____

3. ¿Cuándo comenzarán a aplicarse las nuevas medidas?

____

LA CARTA COMERCIAL

Si usted tiene la oportunidad de trabajar en una compañía con nexos (*connections*) con el mundo hispano, le será necesario redactar cartas comerciales. En esta sección podrá practicar la escritura de este tipo de cartas.

La carta comercial es un escrito que requiere más cuidado y preparación que la carta personal o el memorando. He aquí algunos pasos que le ayudarán a obtener mejores resultados en la confección de cartas comerciales:

1. Establezca el motivo de la carta y obtenga los datos necesarios para su redacción.
2. Es buena idea hacer un esquema o bosquejo (*outline*) de la carta.
3. Elabore el borrador (*draft*) de la carta.
4. Haga las correcciones necesarias, aplicando su conocimiento de la estructura gramatical y las reglas de puntuación y ortografía.

Una carta comercial debe incluir lo siguiente.

1. **la fecha**
2. **el destinatario**
3. **el saludo**
4. **el cuerpo de la carta**
5. **la despedida**
6. **la firma**

La fecha de la carta generalmente contiene el lugar de origen también. Empiece con la ciudad o pueblo desde donde escribe, luego use una coma y escriba la fecha comenzando con el día, continuando con el mes y terminando con el año.

Ejemplo: San José, 29 de marzo de 1999

El destinatario es la institución o individuo a quien nos dirigimos. Es de suma importancia que el nombre, el rango (*rank*) o cargo (*position*) y los títulos del destinatario estén correctamente escritos.

Ejemplos: Doctor
Miguel Angel Zúñiga O.
Hospital San Juan de Dios
Paseo Colón 489
San Salvador, El Salvador

Señores
Domingo Fuscaldo Hnos.
Calle 7, Avenida 12
Bogotá, Colombia

El saludo debe ser cordial y sencillo. Generalmente se usa la palabra **estimado(a, os, as)** más el título (**doctor**, **profesora**, **señorita**, etc.). Cuando la carta está dirigida a una empresa o institución, **señores** o **estimados señores** es suficiente. Después de la frase de saludo se colocan (*are placed*) dos puntos.

Ejemplos: Señores:
Estimados señores:
Estimada doctora Sáenz:
Muy señor mío:

B. Ahora usted va a enviar una carta a la Lic. Victoria Gaitán, presidenta del Consejo Superior de Educación. Su dirección: Calle 12, No. 77, Ministerio de Educación Pública, Santiago, Chile. Organice el encabezamiento de la carta incluyendo la fecha, la dirección y el saludo.

fecha

____

nombre y dirección

____

____

____

____

____

saludo

____

El cuerpo de la carta es la sección del texto mismo. Continuamos luego con la despedida. En una carta comercial moderna se emplea una de las siguientes:

Atentamente,

Cordialmente,

Sinceramente,

Ahora escriba una despedida para la carta a la Lic. Gaitán.

despedida

____

Por último encontramos la firma del remitente con su título o rango.

Observe los dos estilos de cartas en la página siguiente.

Estilo bloque

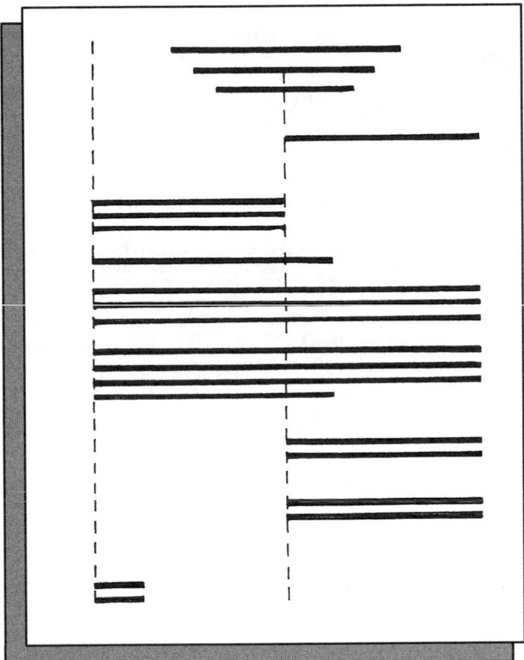

Estilo semibloque

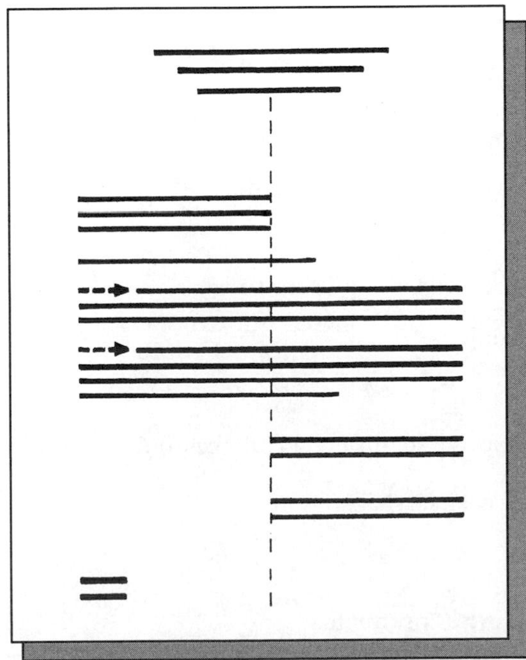

Motivos para una carta comercial

Son muchas las razones para escribir una carta comercial. Entre las más comunes están:

1. solicitar o dar información
2. hacer o cancelar un pedido (*order*) o contrato
3. solicitar u ofrecer empleo
4. dar las gracias por algún servicio
5. presentar quejas (*complaints*) por algún problema
6. dar excusas por un contratiempo

Expresiones y oraciones comunes en las cartas comerciales

Aunque la originalidad siempre es deseable, he aquí unas cuantas oraciones y expresiones que podrían ayudarle para comenzar a redactar cartas comerciales:

Introducciones

1. Leí con gran interés su carta...
2. Muchas gracias por su carta...
3. Muy agradecidos por su interés en...
4. Agradecemos su interés en...
5. Nos es grato (*We are happy, It pleases us*) informarle que...
6. Adjunto (*I enclose*) nuestra última lista de precios...
7. Incluyo nuestro catálogo...
8. Nos complace (*It pleases us*) informarle que...
9. Gracias por la oportunidad que nos brinda (*offer*) para...
10. Es con mucho agrado que...
11. Lamento los problemas que ha tenido...
12. Lamento informarle que...
13. Mis más sinceras disculpas (*apologies*) por...
14. Siento que...
15. Sírvase considerar esta carta como la cancelación de...

Conclusiones

1. Tuvimos sumo agrado en...
2. Esperamos continuar sirviéndole...
3. Ha sido un placer servirle...

El siguiente es un ejemplo de los pasos a seguir en la confección de una carta comercial.

1. motivo: dar información y ofrecer servicios
2. bosquejo:
   a. expresar las gracias
   b. dar información sobre nuestros productos
   c. pedir información y ofrecer servicios
   d. frases de conclusión

3. borrador:

Le agradezco profundamente su interés en los productos de nuestra compañía. El abrir mercados para el público norteamericano de origen hispano nos parece una idea excelente. Por más de tres décadas ha sido nuestra meta complacer el exigente paladar (*palate*) del gastrónomo. Para alcanzar tal meta, ofrecemos hoy al consumidor toda una gama de especias, salsas y encurtidos (*pickles*).

Quizá se podría decir que nuestra especialidad son las salsas y los encurtidos. Producimos dos variedades de encurtido: uno en mostaza y otro en vinagre. En cuanto a las salsas que elaboramos, la «Salsa Inglesa» y la «Salsa Picante» son de inigualable calidad y sabor. Son nuestro orgullo (*pride*). Le agradecería que nos explicara con más detalles las regulaciones con que deberíamos cumplir para un posible envío de nuestros productos a los Estados Unidos. Estamos dispuestos a acomodarnos a sus necesidades y normas. Muchas gracias de nuevo y esperamos tener la oportunidad de servirle en un futuro cercano.

4. copia final:

EL BUEN SABOR, S. A.
225 AV. SAN VALENTÍN
LIMA, PERÚ

26 de julio de 1999

Señor
Luis Marín
La Mirada, California
Estados Unidos

Estimado señor:

Le agradezco profundamente su interés en los productos de nuestra compañía. El abrir mercados para el consumidor norteamericano de origen hispano nos parece una excelente idea. Por más de tres décadas ha sido la meta de la empresa el complacer el exigente paladar del gastrónomo. Para alcanzar tal objetivo, ofrecemos hoy toda una gama de especias, salsas y encurtidos. Las salsas y los encurtidos son, sin embargo, nuestro orgullo. Producimos dos variedades de encurtido: uno en mostaza y otro en vinagre. En cuanto a las salsas que elaboramos, la «Salsa Inglesa» y la «Salsa Picante» son de inigualable calidad y sabor.

Le agradecería que nos explicara con más detalles las regulaciones con las que deberíamos cumplir para hacer un envío a los Estados Unidos. Estamos dispuestos a acomodarnos a sus necesidades y normas. Muchas gracias de nuevo y esperamos tener la oportunidad de servirles en un futuro cercano.

Cordialmente,
Rosalba Perales Ch.
Rosalba Perales Ch.
Gerente de Publicidad

C. Busque y copie de la carta anterior:

1. el membrete

___

___

___

2. el destinatario

___

___

___

3. el remitente

___

___

___

D. Ahora escriba otro posible saludo para la carta.

___

Agregue además otra despedida.

___

► Para escribir mejor

CÓMO PREPARAR PREGUNTAS PARA UNA ENTREVISTA

A. Lea la siguiente información sobre las entrevistas.

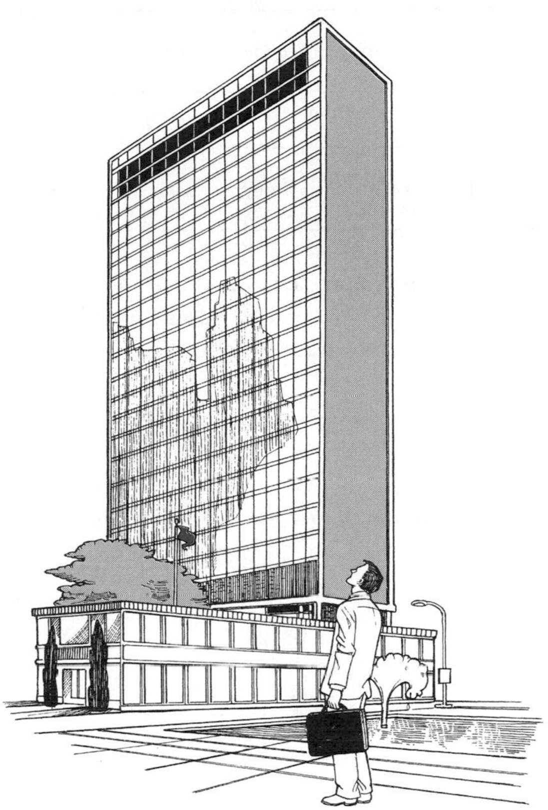

¿Qué es una entrevista?

La entrevista es el evento más importante en el proceso de obtener un puesto. El patrón ha determinado que las destrezas° del candidato llenan los requisitos de la compañía y ahora quiere medir° personalmente el potencial del solicitante. Muchos factores no se pueden descubrir a través de un currículum vitae u hoja de vida. Es difícil juzgar, sin un contacto personal, las actitudes, la habilidad para comunicarse y los aspectos fuertes o débiles del aspirante. Una entrevista también le ofrece, tanto al entrevistador como al entrevistado, la oportunidad de hacer y contestar preguntas sobre aspectos que aún no estén claros.

skills
to measure

La preparación para la entrevista es esencial. Hay dos áreas que el interesado debe escudriñar° cuidadosamente antes de presentarse a la entrevista: sus aptitudes, valores e intereses y las metas y necesidades de la empresa que busca los servicios. Comience por autoevaluarse. ¿Cuáles son sus habilidades, intereses, cualidades de liderazgo°, conocimientos técnicos, aspiraciones personales, actidudes y esperanzas? Estudie además el tamaño y organización de la firma, su potencial de crecimiento, el tipo de servicio o producto que ofrece, su localización geográfica, las posibles necesidades de la compañía en las que usted puede ser útil y finalmente el prestigio de su futuro trabajo dentro de la empresa. Armado con toda esta información, va a gozar de gran éxito en el competitivo mundo de los negocios.

to scrutinize
leadership

OBSERVE... que la conjunción **o** se convierte en **u** cuando va seguida de **o-**, **ho-**.

OBSERVE... el uso de la preposición **de** en la expresión **gozar de**.

B. Relea el anuncio de empleo, la carta de solicitud y el currículum vitae de las páginas 183–184 y prepare con otros cuatro compañeros de clase diez preguntas pertinentes para hacerle a Julieta Prado durante la entrevista.

1. ______________________________
2. ______________________________
3. ______________________________
4. ______________________________
5. ______________________________
6. ______________________________
7. ______________________________
8. ______________________________
9. ______________________________
10. ______________________________

C. Ahora intercambien su lista de preguntas con otro grupo y piensen en buenas respuestas para las preguntas de sus compañeros, basándose en la información de la carta y del currículum vitae.

1. ______________________________

2. ____

____

3. ____

____

4. ____

____

5. ____

____

6. ____

____

7. ____

____

8. ____

____

9. ____

____

10. ____

____

► Estructuras en acción

THE SUBJUNCTIVE IN ADJECTIVE CLAUSES

An adjective is a word that describes a person, place, or thing.

Example: *Tengo un puesto* ***interesante.***
(*Interesante* describes *puesto.*)
I have an **interesting** job.

An adjective clause is an entire clause that functions as an adjective.

Example: *Tengo un puesto* ***que es interesante.***
(*Que es interesante* describes *puesto.*)
I have a job **that is interesting**.

If the antecedent (the person, place, or thing being described) is **definite**, **specific**, or **known to exist**, then the verb of the adjective clause is in the **indicative** mood.

Examples: *En nuestra compañía* ***hay*** *muchos empleados que* ***hablan*** *inglés y español.*
In our company **there are** many employees who **speak** English and Spanish.

Tenemos *una contadora que* ***habla*** *inglés y español.*
We have an accountant who **speaks** English and Spanish.

However, if the antecedent is **unknown**, **indefinite**, or **nonexistent**, then the verb of the adjective clause must be in the **subjunctive**.

Examples: *En nuestra compañía* ***no hay ningún*** *empleado que* ***hable*** *inglés y español.*
In our company **there are no** employees who **speak** English and Spanish.

Buscamos *una contadora que* ***hable*** *inglés y español.*
We're looking for an accountant who **speaks** English and Spanish.

NOTE: You may wish to complete exercises A through C on pages 200–201 before beginning the following section.

THE SUBJUNCTIVE IN ADVERB CLAUSES

A word that modifies a verb is an adverb. It gives information such as **when, why, how, under what conditions or circumstances**, etc.

Example: *Escribo el memorando* ***pronto.***
(*Pronto* modifies *Escribo.*)
I'll write the memo **soon**.

An adverb clause is an entire clause that functions as an adverb.

Example: *Escribí el memorando* ***tan pronto como la presidenta me lo pidió.***
(*Tan pronto como la presidenta me lo pidió* modifies *Escribí.*)
I wrote the memo **as soon as the president asked me.**

Adverb clauses are introduced by a conjunction. In Spanish, certain conjunctions are **always** followed by the subjunctive because they contain information that may or may not happen or because they show a cause-and-effect or conditional relationship. They do not express fully realized or accomplished acts; hence there is an **implied uncertainty or doubt**. The following conjunctions always require the subjunctive:

a fin de que	*in order that, so that*
a menos que	*unless*
a no ser que	*unless*
antes (de) que	*before*
con tal (de) que	*provided that*
en caso (de) que	*in case, in the event that*
para que	*so that, in order that*
sin que	*without*

Examples: *Aceptaré el puesto* ***con tal que*** *me* ***ofrezcan*** *un buen sueldo.*
I'll accept the position **provided that they offer** me a good salary.

No debo distribuir el memo ***sin que*** *lo* ***vea*** *el gerente.*
I shouldn't distribute the memo **without** the manager **seeing** it.

Other conjunctions are followed by the **subjunctive** only when they introduce **information that has not yet occurred** or **that is hypothetical**. When they introduce **known facts** or **habitual actions**, then the **indicative** is used.

aunque	*although, even though, even if*
cuando	*when*
después (de) que	*after*
en cuanto	*as soon as*
hasta que	*until*
tan pronto como	*as soon as*

Examples: *Voy a aceptar el puesto,* ***aunque*** *el salario* ***es*** *bajo.*
I'm going to accept the job, **even though** the salary **is** (in fact) low.

but

Voy a aceptar el puesto, ***aunque*** *el salario* ***sea*** *bajo.*
I'm going to accept the job, **even though** the salary **may be** low. (I do not yet know the exact salary.)

Siempre me quedo en la oficina ***hasta que se va*** *el jefe.*
I always stay in the office **until** the boss **leaves**.

Anoche me quedé en la oficina ***hasta que se fue*** *el jefe.*
Last night I stayed in the office **until** the boss **left**.

but

Voy a quedarme en la oficina ***hasta que se vaya*** *el jefe.*
I'm going to stay in the office **until** the boss **leaves**.

When there is no change of subject, a preposition (*antes de, para, sin, después de, hasta,* etc.) plus an infinitive usually replaces the subordinate adverb clause.

Examples: *Revisé el memo* ***antes de que*** *la secretaria lo* ***distribuyera.***
I revised the memo **before** the secretary **distributed** it.
(subject change: *yo* → *la secretaria*)

but

Revisé el memo ***antes de distribuirlo.***
I revised the memo **before I distributed it**.
(no subject change)

Tengo que quedarme ***hasta que*** *el secretario* ***termine*** *la carta.*
I have to stay **until** the secretary **finishes** the letter.
(subject change: *yo* → *el secretario*)

but

Tengo que quedarme ***hasta terminar*** *la carta.*
I have to stay **until I finish** the letter.
(no subject change)

EXERCISES

A. Give Spanish equivalents of the following sentences. Be prepared to justify your choices.

1. We're looking for a bilingual accountant.

____

____

2. We're looking for an accountant who is bilingual.

____

____

3. We have an accountant who is bilingual.

____

____

4. I need an efficient manager.

____

____

5. I need a manager who knows how to write memos.

____

____

6. I have a manager who doesn't know how to write memos.

____

____

B. Use your imagination to complete the following sentences.

1. Tengo un puesto que _______________________________________ ,
   pero busco uno que_______________________________________ .

2. Hay muchas compañías que____ ,
   pero prefiero trabajar en una compañía que ______________________________
   ____ .

3. En nuestra oficina siempre recibimos memorandos que ____________________
   ____ ;
   nunca recibimos memos que ____
   ____ .

4. Esa empresa solicita empleados que ____________________________________
   ____ ;
   ya tiene muchos empleados que ______________________________________ .

5. Pilar prefiere un gerente que____ ;
   desgraciadamente tiene uno que ______________________________________ .

C. Reread the C&C Consultores job ad on page 183, then complete the following observations.

C&C Consultores busca un contador...

1. que ________________ (ser) graduado en contaduría pública.
2. que ________________ (tener) bastante experiencia.
3. que ________________ (conocer) de computación.
4. que ________________ (poseer) un desempeño exitoso en contabilidad de costos.
5. que ________________ (tener) de 30 a 35 años.
6. que ________________ (estar) dispuesto a iniciar labores inmediatamente.

D. Doña Esperanza wrote a letter of reference for Rubén Cardona and gave him advice in preparation for his recent job interview. Use either the *indicative* or the *subjunctive* of the verbs in parentheses to complete the following letter in which he thanks her and tells her about the interview.

Guadalajara, 8 de diciembre de 1999

Muy estimada doña Esperanza:

Gracias por su carta de recomendación. Ayer fui a la entrevista con la compañía Pemex. Cuando ________________ (yo/llegar), la secretaria me dijo que el comité entrevistador me vería pronto. Mientras ________________ (yo/esperar), leí mis notas y sus consejos y repasé mis ideas sobre el puesto. La entrevista resultó excelente. Antes de que los miembros de la mesa (*panel*) me ______________ (hacer) preguntas, me explicaron los beneficios de la empresa. Quedé muy impresionado. Después de que ______________ (ellos/terminar) sus explicaciones, hablé yo de mi experiencia y conocimientos.

A menos que ______________ (yo/haber dicho) tonterías sin ______________ (yo/darme) cuenta, creo tener buenas posibilidades de obtener el trabajo. Si me ofrecen el puesto, lo voy a aceptar aunque ______________ (yo/tener) que mudarme (*to move*) a otro estado. Tan pronto como ______________ (yo/recibir) noticias, le escribiré con los detalles. Otra vez, muchas gracias por su ayuda.

Sinceramente,
Rubén Cardona
Rubén Cardona

► Manos a la obra

A. Usted es el (la) gerente de los almacenes Olimpia. Se acerca la Navidad y desea comunicarles a los jefes de departamento el nuevo horario para los días festivos. Escriba un memorando en el que indique que a partir del 23 de noviembre las tiendas estarán abiertas de las nueve de la mañana hasta las diez de la noche y que se trabajará jornada (*shift*) continua con una hora para el almuerzo y otra para la cena. Los turnos de los empleados deben rotar.

____
____
____
____
____
____
____
____
____

____

____

____

____

____

____

B. Su compañía está concursando en una licitación (*bid*) que proveerá un sistema computarizado de contabilidad para una empresa bastante importante. Recientemente sus colegas y usted le hicieron una demostración al posible cliente. En una hoja adicional, escriba una carta en la que reitere las ventajas de su sistema. Incluya las siguientes ideas:

- Dé las gracias por la oportunidad que se le brindó.
- Recuérdeles que el sistema que usted propone es flexible y se ajusta a las necesidades de la compañía.
- Mencione que el costo es razonable.
- Explique que el sistema es de fácil manejo (*easy to manage*).
- Indique que la instalación se puede llevar a cabo (*be accomplished*) en corto tiempo.

PARA LOS INTERNAUTAS

Vaya a **http://www.wiley.com/college/composicion,** busque la página que corresponde a este capítulo y haga los ejercicios indicados.

MÁS ALLÁ

Comente los siguientes temas con sus compañeros de clase. Luego escoja uno de ellos y escriba sus opiniones al respecto.

1. Muchas veces surgen conflictos entre los principios morales y los intereses económicos de una empresa. Piensen, por ejemplo, en los dilemas que se presentan en la industria del tabaco, automovilística, de la construcción (*the building industry*), etc. ¿Qué se debe hacer en estas situaciones? Defiendan sus opiniones.
2. ¿Cómo han cambiado las computadoras el mundo de los negocios? Pueden mencionar los efectos de la tecnología en los bancos, las compañías de viaje, los pedidos a través de catálogos, etc. Incluyan todos los cambios que puedan.
3. ¿Cuáles son las cualidades de un(a) buen(a) gerente de empresa? Comenten sobre el trato (*treatment*) que debe mantener con sus subalternos, las habilidades de mando (*leadership skills*), el conocimiento del mercado, etc.

En esta página podrá anotar sus ideas respecto a este capítulo o bien referirse a un episodio de su propia vida.

Querido diario:

Capítulo 10

En busca de tiempos idos

Objectives

Upon completion of this chapter you should be able to:

- understand the narrative process and write short narrations
- utilize appropriate vocabulary to write about your childhood and adolescence
- use the preterite and imperfect correctly

¿No le recuerdan las sonrisas de estos escolares de Costa Rica los días de su niñez?

► Para hablar del tema

VOCABULARIO ESENCIAL

Estudie las siguientes palabras y expresiones. Le pueden resultar útiles para entender y escribir narraciones sobre la niñez y la adolescencia.

Sustantivos

el cuento / la historia	*story*
el desarrollo	*development, unfolding*
el desenlace	*unravelling, denouement*
la juventud	*youth*
el (la) maestro(a)	*teacher*
el (la) narrador(a)	*narrator*
la niñez	*childhood*
la trama / el argumento	*plot*

Verbos

aburrirse	*to get bored*
bostezar	*to yawn*
estirarse	*to stretch*
lanzar	*to throw*
molestar	*to bother*
narrar / contar (ue)	*to narrate*
perseguir (i, i)	*to pursue, persecute, harass*
suceder	*to occur, happen*

A. Lea la siguiente narración.

El enfrentamiento°

confrontation

De niña, debía caminar a la escuela todos los días. Por el trayecto° siempre tropezaba° con un gordito pelirrojo° y pecoso° que me atormentaba. De fijo tenía algo que lanzarme: piedras pequeñas o insectos muertos. Yo corría hacia la escuela llorando y él me perseguía con gran

Along the way/came across/red-headed/freckled

estruendo° y risas. Muchas veces la maestra me preguntó: «¿Qué te pasa? ¿Por qué estás llorando?», pero yo tenía demasiado miedo para contarle la verdad. **clamor**

Pasó mucho tiempo sucediendo lo mismo hasta que un día decidí no huír° más. Fue el día del enfrentamiento. Venía a paso lento hasta que llegué donde estaba el gordito. Me propuse ser valiente y no demostrarle miedo aunque por dentro me moría. Él tomó una piedra para lanzármela, pero al observar que yo permanecía inmóvil°, el brazo se le paralizó. Fue entonces que empecé a avanzar hacia él. La confusión aumentaba en su rostro a cada paso que yo daba. Cuando estuve frente a él, le di un golpe fuerte con mi bolsa del almuerzo en la mitad de su asustada cara. Se fue corriendo hacia la escuela. Desde ese día nunca más me molestó. Luego hasta trató de ser mi amigo. ¡No gracias! **to run away** **motionless**

OBSERVE... que en la última línea, la palabra **hasta** (*even*) funciona como un adverbio.

B. Conteste las siguientes preguntas sobre el relato.

1. ¿Qué pasó? Resuma las acciones del relato en las siguientes líneas.

   a. ______________________________

   ____

   b. ______________________________

   ____

   c. ______________________________

   ____

   d. ______________________________

   ____

   e. ______________________________

   ____

2. ¿Qué aprendemos sobre la autora en esta narración?

   ____

   ____

   ____

C. Todos, alguna vez en la vida, hemos sufrido algún tipo de persecución. Brevemente explique quién o quiénes le atormentaban. ¿Por qué recuerda ese episodio?

____

____

____

D. Ahora haga una lista de las palabras del Ejercicio A que usted no conocía. Añada otras expresioness que considere útiles para escribir sobre su niñez y adolescencia. Si es necesario, busque esos términos en el diccionario.

VOCABULARIO CLAVE

Las palabras de esta sección son de uso muy frecuente. Estúdielas y apréndalas. Le ayudarán en sus trabajos de redacción.

de niño(a) *as a child*

De niño, siempre tuve gatos.

de ordinario *regularly, commonly*

Como a mi mamá le encantaban los gatos, **de ordinario** teníamos tres o cuatro en casa. Un gatito que se llamaba Romualdino decidió adoptarme. Le encantaba subirse a mi cama.

al principio *at the beginning*

Al principio yo no quería que el gato durmiera conmigo. Después me acostumbré a encontrarlo en mi cama.

de fijo *surely, without a doubt*

De fijo venía a saludarme con la cola enhiesta *(up)* cuando yo llegaba de la escuela. Por lo general maullaba *(miaowed)* para avisarme su llegada.

entonces, luego *then*

Luego, frotaba *(rubbed)* su cabeza contra la pierna de mi pantalón. Al final siempre lograba lo que quería: que le diera de comer y lo dejara dormir junto a mí.

Análisis de la narración

Narrar quiere decir **contar**. Se puede narrar hechos reales o imaginarios en el presente, en el pasado o en el futuro. Una narración no tiene límites fijos *(fixed, set)*. Su extensión va desde el cuento corto hasta la novela. Aunque la narración se centra en el desarrollo de la acción, el proceso narrativo debe complementarse con la descripción para dar imágenes de los personajes, las cosas que los rodean *(surround)* y los lugares donde se desarrolla la historia.

Aquí tiene una secuencia de eventos. Léala.

entrar en la sala / ver a mi mamá sentada frente al televisor / estar mirando las noticias del día / verme / levantarse / dirigirse a la cocina

Lea ahora los siguientes párrafos y observe especialmente el efecto que tiene el uso del presente, el pasado y el futuro en el tono de la narración.

Entro en la sala. Veo a mi mamá sentada frente al televisor. Está mirando las noticias del día. Cuando me ve, se levanta y se dirige a la cocina.

Entré en la sala. Vi a mi mamá sentada frente al televisor. Estaba mirando las noticias del día. Cuando me vio, se levantó y se dirigió a la cocina.

Entraré en la sala. Veré a mi mamá sentada frente al televisor. Estará mirando las noticias del día. Cuando me vea, se levantará y se dirigirá a la cocina.

A. ¿Qué efecto se logra en la narración con el uso del presente?

____

____

____

¿el pasado?

____

____

____

¿el futuro?

____

____

____

Como usted seguramente observó, el presente le permite al lector descubrir la acción junto con el narrador, el pasado enfatiza *(emphasizes)* la anterioridad de la historia y el futuro es una premonición.

El escritor también puede contar su historia en primera persona (uso de los pronombres **yo** o **nosotros**) o tercera persona (uso de los pronombres **él, ella, ellos o ellas**). Observe la diferencia.

> Era un día caluroso *(hot)*. Me bajé del autobús en Tamarindo. Caminé hasta el hotel y empujé *(I pushed)* la puerta. Una vieja que jugaba solitario sentada detrás del mostrador *(counter)* me miró fijamente *(fixedly)* cuando entré.
>
> Era un día caluroso. El hombre se bajó del autobús en Tamarindo. Caminó hasta el hotel y empujó la puerta. La dueña, una vieja de unos setenta años que jugaba solitario detrás del mostrador, lo miró fijamente y pensó en su hijo muerto.

B. ¿Cuál es la diferencia de efecto entre las dos narraciones?

____

____

____

____

____

¿Notó usted que en el primer ejemplo el narrador es el protagonista? La narración se hace únicamente a través de *(through)* los ojos del personaje principal. En el segundo caso, el escritor conoce todos los detalles de la historia y nos los comunica. El narrador tiene la oportunidad de agregar comentarios y de observar objetivamente a sus personajes.

He aquí las partes básicas de una narración.

la introducción

la parte en la que el narrador comienza su relato

el desarrollo

la parte en la que el narrador construye su relato

el clímax

el momento más importante del relato

el desenlace

cómo termina el relato

En «El enfrentamiento», la narradora introduce el relato contándonos que cuando iba a la escuela la atormentaba un niño gordo, pelirrojo y pecoso. El desarrollo nos explica cómo sucede el enfrentamiento. El clímax es el momento del golpe con la bolsa del almuerzo. El desenlace nos narra cómo el niño corre asustado y luego quiere convertirse en amigo de su antigua víctima.

El escritor puede seguir un orden cronológico para construir su obra o puede empezar por el final o en cualquier punto de la trama.

► Para escribir mejor

CÓMO UTILIZAR LAS EXPRESIONES DE ENLACE

A. Lea la siguiente historia. Es un poco diferente porque el narrador no es humano.

De cómo encontré mi casa

Era una mañana transparente del mes de julio. El sol quemaba y yo me aburría detrás de aquella valla° blanca. ¿Cómo escapar del ojo vigilante de la vieja? Primero me estiré, luego me rasqué°, después bostecé y de pronto, como caída del cielo, me llegó la inspiración: «¡escarba°!» Encontré un lugar donde la tierra estaba más blanda junto a unas begonias que acababan de regar°. ¡Qué gusto jugar en el barro°! La faena° me tomó más de una hora. Tenía que trabajar sin ser descubierto.

Al fin el hoyo° se hizo lo suficientemente grande y pude deslizarme° debajo del cerco°. ¡En verdad era bueno respirar el aire de la libertad lleno de aromas misteriosos! Tuve que sacudirme° porque todavía tenía tierra pegada° al cuerpo. Empecé a dar pasos nerviosos por la carretera. Desde mi prisión a menudo había visto extrañas criaturas metálicas pasar a gran velocidad, pero ahora me parecían más grandes y amenazantes°. Tendría que obrar con más cautela°.

Corrí y salté° por más de dos horas. El campo era hermoso: altos árboles, flores, insectos, un millar de olores nuevos por descubrir. Me perdía siguiendo una abeja° y luego regresaba al sendero°. Casi se me

fence
scratched
dig
water/mud/ task
hole/slip
fence
shake myself off/ stuck
threatening /caution /jumped
bee/path

había olvidado la comida (y eso que a mí me encanta la comida). Ya me empezaba a hacer falta la cocina y todo lo bueno que de seguro allí habría. Pero, ¿cómo regresar? No tenía la menor idea de dónde me encontraba.

De repente, llegué a una bifurcación° del camino. Hice una pausa momentánea y doblé a la derecha. La primera casa que vi no me pareció muy hospitalaria°. Además había un gran perro que me ladró° furioso. La segunda tenía la puerta abierta, y un olor a comida me llegó a las narices°. Un humano se asomó° a la puerta y exclamó: «¡un cachorrito° perdido!» Entré rápidamente en la casa. Había que tomar decisiones rápidas. Adentro me encontré con otro humano. Tuve que hacerme el simpático. Le lamí° la mano y moví la cola°. Los humanos nunca se resisten a mis encantos.

Los primeros días no fueron fáciles. Al principio querían deshacerse° de mí. Luego se les caló entre ceja y ceja° que debía dormir afuera. Me costó un poco que entraran en razón, pero lo logré°. Hoy descanso en la mullida° cama de uno de ellos, y aunque la comida no es siempre excelente, no me puedo quejar°. Me tratan bien, me sacan a correr y me obedecen la mayoría del tiempo.

fork

hospitable /barked

nostrils /appeared /puppy

licked/tail

get rid of /Then they got into their heads/ With some difficulty I got them to see the light./ cushy /complain

B. Usted ya estudió expresiones que le pueden servir para establecer la relación entre varias etapas (*stages*) o sucesos (*events*) de una narración. Revise la siguiente lista.

al principio	después	entonces	luego	de fijo
de ordinario	usualmente	a menudo	de niño(a)	primero
al fin	por último	ahora	de repente	
de pronto	ya	además	finalmente	

¿Cuáles de estas expresiones puede usted encontrar en «De cómo encontré mi casa»?

C. Use las siguientes oraciones y algunas de las palabras de la lista anterior para contar de nuevo lo que le pasó al cachorrito.

El perrito escarbó. Se escapó a la carretera. El cachorrito corrió por el campo. Encontró una casa que le pareció hospitalaria. Vive cómodamente en una casa.

___

___

___

___

___

___

___

___

D. **Ahora, trabajando con otro(a) compañero(a), escriba una versión corta del mismo relato narrado por la señora de cuya casa se escapó el perrito o por los niños que lo hallaron (*found*) en la puerta de su casa. Use algunas de las expresiones del Ejercicio B.**

____

____

____

____

____

____

____

____

____

____

____

____

____

____

____

____

____

____

____

____

Estructuras en acción

PRETERITE VS. IMPERFECT

The verb forms most frequently used in narrating past events in Spanish are the preterite and the imperfect.

The **preterite** describes a **completed** act: the writer views it as over and done with, and the reader or listener knows how it turned out. It may focus on either the beginning or the end of an action, but the action or event is seen as complete. The preterite moves the story or plot forward: it narrates what a character actually **did**, or it describes what actually **happened**. Reread "El enfrentamiento" on pages 206–207, and observe how the preterite functions to advance the story line:

> *"...un día* ***decidí*** *no huir más."*
> *"...****llegué*** *donde estaba el gordito."*

*"Me **propuse** ser valiente..."*
*"Él **tomó** una piedra..."*
*"...el brazo se le **paralizó**."*
*"...**empecé** a avanzar hacia él."*
*"...le **di** un golpe fuerte..."*
*"Se **fue** corriendo..."*

Since the preterite indicates the completion of an act, certain verbs take on a different meaning in this form.

	Present	***Preterite***
conocer	to know (someone)	met (someone)
poder	to be able (can)	could and did (succeeded)
no poder	not to be able	wasn't able and didn't (failed)
querer	to want to (feel like)	wanted to and tried (but didn't)
no querer	not to want to (not feel like)	refused
saber	to know	found out
tener	to have	got, received
tener que	to have to (supposed to)	had to and did

The **imperfect** usually describes conditions, acts already in progress, habitual or ongoing activities, feelings, emotions, and mental or physical states. There is no reference to the beginning or the end of the action. These imperfect verbs frequently create the **background** in which the completed act (preterite verb) occurred. Therefore, focusing on their outcome is not essential to the advancement of the story line. Notice how the following imperfect verbs in "De cómo encontré mi casa" (pages 211–212) function as background information, setting the stage for the action:

*"**Era** una mañana transparente..."*
*"El sol **quemaba** y yo me **aburría**..."*
*"...la tierra **estaba** más blanda..."*
*"...unas begonias que **acababan** de regar."*
*"**Tenía** que trabajar..."*
*"El campo **era** hermoso..."*

Formation of the Preterite

1. To form the preterite of all regular verbs (and all *-ar* and *-er* stem-changing verbs), add to the infinitive stem the endings indicated in bold italic in the chart below.

contar:	*cont**é***	***aparecer:***	*aparec**í***	***escribir:***	*escrib**í***
	*cont**aste***		*aparec**iste***		*escrib**iste***
	*cont**ó***		*aparec**ió***		*escrib**ió***
	*cont**amos***		*aparec**imos***		*escrib**imos***
	*cont**asteis***		*aparec**isteis***		*escrib**isteis***
	*cont**aron***		*aparec**ieron***		*escrib**ieron***

2. A few regular verbs have a spelling change.
   a. verbs that end in *-car, -gar, and -zar* change in the *yo* form:

g → gu	***c → qu***	***z → c***
*llegar: lle**gué***	*tocar: to**qué***	*empezar: empecé*

   b. an unstressed *-i-* between two vowels becomes *-y-*:

creer:	*creyó*	*creyeron*
leer:	*leyó*	*leyeron*
oír:	*oyó*	*oyeron*

3. The commonly used verbs *dar, hacer, ir,* and *ser* are irregular in the preterite. *Ir* and *ser* share the same preterite form.

dar:		***hacer:***		***ir / ser:***	
	di		*hice*		*fui*
	diste		*hiciste*		*fuiste*
	dio		*hizo*		*fue*
	dimos		*hicimos*		*fuimos*
	disteis		*hicisteis*		*fuisteis*
	dieron		*hicieron*		*fueron*

4. The following verbs have irregular stems in the preterite. They are conjugated like *estar.* Note that the first- and third-person singular endings are not stressed.

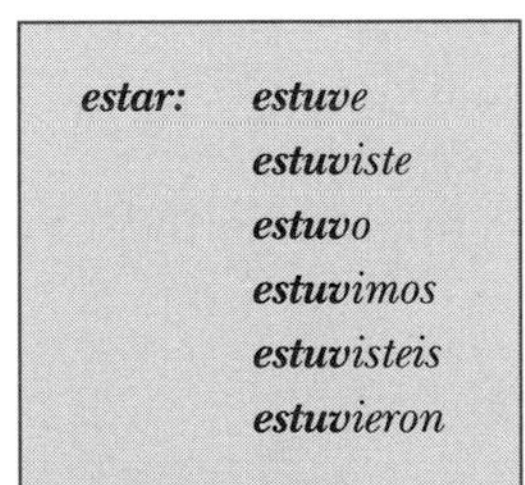

estar:	
	***estuv**e*
	***estuv**iste*
	***estuv**o*
	***estuv**imos*
	***estuv**isteis*
	***estuv**ieron*

andar	***anduv**e*	*querer*	***quis**e*
estar	***estuv**e*	*saber*	***sup**e*
haber	***hub**e*	*tener*	***tuv**e*
poder	***pud**e*	*venir*	***vin**e*
poner	***pus**e*		

5. A few verbs have a characteristic ***j*** in the preterite stem. They are conjugated like *decir.*

decir:	
	***dij**e*
	***dij**iste*
	***dij**o*
	***dij**imos*
	***dij**isteis*
	***dij**eron*

ALSO: *conducir* ***conduje;*** *traducir* ***traduje;*** *traer* ***traje***

Note that most verbs that end in *-ucir (introducir, producir, reducir,* etc.*)* follow the same pattern as *conducir* and *traducir.*

6. Remember that *-ar* and *-er* stem-changing verbs do not change in the preterite. However, *-ir* stem-changing verbs change *e* → *i* and *o* → *u* in the third-person singular and plural.

divertir:	*divertí*	***dormir:***	*dormí*	***sentir:***	*sentí*
	divertiste		*dormiste*		*sentiste*
	divirtió		*durmió*		*sintió*
	divertimos		*dormimos*		*sentimos*
	divertisteis		*dormisteis*		*sentisteis*
	divirtieron		*durmieron*		*sintieron*

Formation of the Imperfect

1. All *-ar* verbs form their imperfect by adding *-aba* endings to the stem.

contar:	*cont**aba***	***narrar:***	*narr**aba***
	*cont**abas***		*narr**abas***
	*cont**aba***		*narr**aba***
	*cont**ábamos***		*narr**ábamos***
	*cont**abais***		*narr**abais***
	*cont**aban***		*narr**aban***

2. All *-er* and *-ir* verbs, except *ir, ser,* and *ver,* form their imperfect by adding *-ía* endings to the stem.

volver:	*volv**ía***	***decir:***	*dec**ía***
	*volv**ías***		*dec**ías***
	*volv**ía***		*dec**ía***
	*volv**íamos***		*dec**íamos***
	*volv**íais***		*dec**íais***
	*volv**ían***		*dec**ían***

3. Only *ir, ser, and ver* are irregular in the imperfect.

ir:	*iba*	***ser:***	*era*	***ver:***	*veía*
	ibas		*eras*		*veías*
	iba		*era*		*veía*
	íbamos		*éramos*		*veíamos*
	ibais		*erais*		*veíais*
	iban		*eran*		*veían*

Summary of Usage: Preterite vs. Imperfect

Use the **preterite** for:

- **an entire completed act.**
  (Ayer comí un buen desayuno.)
- **the beginning of a completed act.**
  (Empecé a desayunar a las seis.)
- **the end of a completed act.**
  (Terminé de desayunar a las seis y quince.)
- **a series of specific completed acts.**
  (Ayer me desperté, me duché, me vestí, desayuné y salí de casa antes de las siete.)

Use the **imperfect** for:

- **ongoing past acts or background conditions that do not focus on the completion, beginning, or end.**
  (Yo era muy joven en esos días. Hacía mucho frío. Sonaba el teléfono. Era de noche.)
- **telling time in the past.**
  (Eran las diez y media)
- **a customary or habitual past act.**
  (Siempre caminaba a la escuela. De ordinario no desayunaba. Me llamabas todos los días.)
- **descriptions of physical and mental conditions or states.**
  (Me sentía muy mal. Era un chico gordo. Estaba nerviosa. No queríamos estudiar.)
- **a series of repeated or habitual acts.**
  (Los sábados siempre salíamos con nuestros amigos, cenábamos en un restaurante modesto y bailábamos hasta la madrugada.)

The preterite and imperfect tenses often occur in the same sentence: the imperfect usually describes the ongoing background action or condition, and the preterite expresses the completed act.

Examples: *Mientras los padres* ***dormían****, la hija* ***salió*** *de la casa.*
While the parents **were sleeping**, the daughter **left** the house.

Tuve *que sacudirme porque todavía* ***tenía*** *tierra pegada al cuerpo.*
I had to shake myself off because I still **had** dirt stuck to my body.

Mirábamos *la tele cuando alguien* ***llamó*** *a la puerta.*
We were watching TV when someone **knocked** at the door.

EXERCISES

A. The author of "El enfrentamiento" (pages 206–207) uses the imperfect to narrate habitual or ongoing background acts and to describe conditions or feelings. Find ten examples of this use of the imperfect in the story and write them on the lines provided.

______________________	______________________
______________________	______________________
______________________	______________________
______________________	______________________
______________________	______________________

B. In "De comó encontré mi casa" (pages 211–212), the writer advances the story line by using the preterite to narrate completed actions. Find ten examples of this use of the preterite in the fourth paragraph of the story and write them on the lines provided.

C. Use the English sentences provided to narrate the following anecdote in Spanish. Use the preterite or imperfect as appropriate.

It was a beautiful spring morning.

Sheila, the most beautiful girl in the ninth grade, was sitting by the pool with the rest of my classmates.

I had to impress *(impresionar)* her.

I got on *(subir a)* the diving board *(el trampolín)* and waited for the moment when Sheila and everybody else were watching.

I dived *(zambullirse)* gracefully *(graciosamente)* and made a perfect entrance.

When I came out of the water Sheila and everybody else were laughing hysterically *(histéricamente)*.

At first, I didn't know what was going on *(suceder)*. Then I turned *(volverse)* and saw my swimming trunks floating *(flotando)* in the middle of the pool.

____

____

____

____

► Manos a la obra

A. Aquí tiene varios temas para una narración:

- La primera vez que salí con...
- Una anécdota de mi clase de...
- Cuando me compraron...
- Mi viaje a...
- Las travesuras *(mischievous antics)* de... (mi perro, gato, etc.)

Escoja uno de los temas anteriores o invente uno si prefiere. Luego escriba unas breves notas sobre la estructura de su trabajo. También anote el vocabulario clave de la historia.

Estructura

introducción

____

____

____

____

____

desarrollo

____

____

____

____

____

____

clímax

desenlace

vocabulario

Usted puede usar una hoja adicional para escribir su **borrador**. En el espacio siguiente escriba **la versión final**. Ponga especial atención a los usos del pretérito y el imperfecto.

PARA LOS INTERNAUTAS

WWW

Vaya a **http://www.wiley/college/composicion**, busque la página que corresponde a este capítulo y haga los ejercicios indicados.

MÁS ALLÁ

Comente los siguientes temas con sus compañeros de clase. Luego escoja uno de ellos y escriba sus opiniones al respecto. Ponga atención especial a los usos del pretérito y el imperfecto.

1. Muchos creen que los años más felices de nuestra existencia son los de la niñez. Piense en su propio caso y encuentre evidencia para justificar o refutar esa idea.
2. Otra creencia *(belief)* es que un adulto es un reflejo de la educación que recibe en la niñez y en la temprana adolescencia. Es decir, los hábitos y las costumbres de los primeros años de vida dejan una huella imborrable *(indelible mark)* en la personalidad del adulto. ¿Está usted de acuerdo con esta idea? ¿Podría mencionar ejemplos?

En esta página podrá anotar sus ideas sobre este capítulo o bien referirse a un episodio de su propia vida.

Querido diario:

Capítulo 11

Dilemas ecológicos

Objectives

Upon completion of this chapter you should be able to:

- describe people, places, and things
- utilize appropriate vocabulary to write about ecological issues
- position adjectives correctly

La Ciudad de México se ve muy afectada por la contaminación del aire.

► Para hablar del tema

VOCABULARIO ESENCIAL

Estudie las siguientes palabras y expresiones. Le pueden resultar útiles para entender el capítulo y describir el mundo que le rodea.

Sustantivos

el acuífero	*water table, aquifer*
el bosque	*forest*
la capa de ozono	*ozone layer*
los casquetes polares	*polar ice caps*
los combustibles fósiles	*fossil fuels*
la contaminación	*pollution*
la cuenca	*river basin*
el derrumbe	*landslide*
el efecto invernadero	*greenhouse effect*
el envenenamiento	*poisoning*
el hundimiento	*sinking*
el incendio forestal / la quema	*forest fire*
la inundación	*flood*
el islote	*small barren island*
la lluvia ácida	*acid rain*
la mancha urbana	*urban sprawl*
la margen	*river bank*
el medio ambiente	*environment*
el recalentamiento	*overheating*
el reciclaje	*recycling*
la selva	*jungle*
la sequía	*drought*
el suelo	*ground*
el suministro	*supply*
la tala de árboles	*felling of trees*

Verbos

deforestar	*to deforest*
derretir (i, i)	*to melt*
deshelar (ie)	*to thaw*
erguir	*to raise up straight*
irradiar	*to irradiate*
reciclar	*to recycle*

Adjetivos

altanero(a)	*arrogant, proud*
anárquico(a)	*anarchical, disorderly*
hidrológico(a)	*hydrologic, water-related*

A. Lea la siguiente selección.

El agua y la Ciudad de México

Cuando los aztecas decidieron construir su ciudad en el valle de México sobre el islote de un lago, en lugar de en las márgenes de un río como lo habían hecho otras civilizaciones, no imaginaron que seis siglos después México-Tenochtitlán se convertiría en la ciudad más grande y poblada del mundo. No predijeron° que a lo largo de su historia su ciudad habría de sufrir graves problemas con el agua, grandes inundaciones y hundimiento del suelo.

predicted

Tampoco pensaron que construir su ciudad a más de dos mil doscientos metros sobre el nivel del mar°, en un llano° rodeado por° lagos y montañas, dificultaría siempre el suministro de agua a sus habitantes. Les fue imposible anticipar que la sobrexplotación del acuífero, el crecimiento anárquico y explosivo de la mancha urbana y la acelerada destrucción de los bosques que rodean a la ciudad agravarían el problema.

sea level/ plain/ surrounded by

Los fundadores de la Ciudad de México no habrían creído que a principios del siglo XXI todos esos problemas, junto con el envenenamiento del aire, llevarían al valle de México a una crisis ecológica. La realización de un plan único e integral para restablecer el equilibrio hidrológico y el ecosistema de la cuenca de México es hoy una necesidad imperante°.

compelling

OBSERVE... el uso de la preposición **por** en la frase **rodeado por**.

B. Conteste las siguientes preguntas sobre la lectura del Ejercicio A.

1. ¿Dónde construyeron los aztecas su ciudad capital?

____

____

2. Mencione dos problemas que los fundadores de la Ciudad de México no anticiparon.

____

____

3. ¿A qué altura está la Ciudad de México?

____

____

4. ¿Cuál es otra ciudad que tiene problemas ecológicos debido a su posición geográfica? Enumere algunos de esos problemas.

____

____

C. Ahora haga una lista de las palabras del Ejercicio A que usted no conocía. Añada otras expresiones que considere útiles para escribir sobre los problemas ecológicos. Si es necesario, busque su significado en el diccionario.

________	________	________
________	________	________
________	________	________
________	________	________
________	________	________
________	________	________
________	________	________
________	________	________
________	________	________
________	________	________

VOCABULARIO CLAVE

Las palabras de esta sección son de uso muy frecuente. Estúdielas y apréndalas. Le ayudarán en sus trabajos de redacción.

a su vez *in turn*

Yo le ayudé, y **a su vez** él también vino a mi ayuda.

a lo largo de *throughout, along*

La Ciudad de México ha visto muchos cambios **a lo largo de** su historia.

Caminamos **a lo largo de** la playa.

tras *after, behind, beyond*

Tras años de mucha dificultad, el problema de la contaminación del agua ha disminuido un poco.

a principios de *at the beginning of*

A principios del próximo año, será obligatorio reciclar el papel usado en la oficina.

junto con *together with*

Los problemas de la contaminación del aire, **junto con** una población siempre creciente, han hecho de la ciudad de México un dilema ecológico.

► Análisis de la descripción

El ojo capta la imagen y nuestro cerebro (*brain*) la interpreta. Ésta es una función rutinaria. El poder verbalizar esas sensaciones visuales, sin embargo, requiere habilidades que sólo se adquieren a través de mucha práctica. Usted experimentará en esta sección con diferentes tipos de descripciones.

Los conocimientos que usted adquiera le pueden ayudar en trabajos técnicos o científicos, si usted se interesa en la ciencia; en la elaboración de biografías y otros escritos para sus cursos de español, si su inclinación es más literaria.

Cuando el autor describe, debe esforzarse (*to strive*) por proveer la información necesaria de tal modo que el lector pueda hacer una reconstrucción mental del objeto, persona o lugar descrito. La descripción ha de variar también de acuerdo con (*according to*) el objetivo que se persiga (*pursues*). Un científico que describe una flor nos dará una versión bastante diferente de la que nos pueda ofrecer un poeta, por ejemplo.

Raramente se encuentra una descripción pura. A menudo es necesario mezclarla (*to mix it*) un poco con la narración. La siguiente es una descripción de un hombre, su medio ambiente y los sentimientos de tristeza que lo invaden al amanecer (*upon the dawning*) de su último día en su tierra.

La tierra expropiada° — expropriated

El sol apareció sobre las montañas y una figura se recortó° contra la penumbra° del amanecer. El hombre estiró° los brazos desnudos y fuertes para sacudir los últimos recuerdos. Sus pies descalzos° se hundieron en la tierra húmeda que rodeaba su choza°. Sentados junto a él estaban su mujer y cuatro hijos. Sólo el olor a humo y a café quedaban del último desayuno en la finca°. El gobierno quería su tierra para la nueva autopista° transoceánica que traería el progreso y la civilización a su verde tierra tropical. Al principio no le puso atención a la carta con muchos sellos° oficiales que recibió; después se negó° a creer que ya no era dueño° de la tierra que habían labrado° él, sus hijos, sus padres, sus abuelos y sus bisabuelos. Por fin cuando la policía armada llegó a obligarlo a salir, se resignó.

El sol cubría de oro ya todo el campo. El hombre se puso el sombrero, alzó° el saco con sus pertenencias° e inclinó la cabeza hacia un lado para indicarles a su mujer e hijos que lo siguieran. No quería tener que volver a ver la choza. Lágrimas° invisibles brotaron° de sus ojos varoniles°. Sintió un nudo° en la garganta. A lo lejos cantó un gallo°.

was outlined
semidarkness/
stretched/
shoeless/
hut
farm
freeway
stamps/
refused/
owner/tilled
picked up/
belongings
Tears/gushed/
manly/lump/
rooster

OBSERVE... el uso de la preposición **a** en las frases «*olor a humo y a café*».

A. ¿Qué palabras se usan para describir al hombre? Copie algunas en el espacio a continuación.

____

____

____

B. ¿Qué palabras establecen la descripción del paisaje y los alrededores (*surroundings*) del hombre? Copie algunas en el espacio a continuación.

____

____

____

C. Ahora, lea la siguiente descripción corta y conteste las preguntas que la siguen.

La selva

Sobre la tierra sólo quedan troncos calcinados° que se levantan como testigos mudos° de la destrucción. La selva que se erguía altanera e impenetrable se ha visto reducida a ceniza° y silencio. En su lugar aparecerán pastizales° para que coma el ganado°, que a su vez deberá ser sacrificado para que comamos hamburguesas. La selva que nos dio la quinina°, el caucho° y que sin duda encierra° todavía la cura a muchos de nuestros padecimientos°, se quema, se asfixia lentamente.

burned to ash/mute witnesses/
ash
pasture lands/cattle
quinine/
rubber/holds/
suffering

1. Según la descripción, ¿qué está sucediendo en la selva?

2. ¿Qué tipo de palabras (adjetivos, sustantivos, verbos, adverbios, preposiciones, etc.) juegan un papel (*role*) importante en las dos descripciones anteriores? Justifique su respuesta.

► Para escribir mejor

CÓMO PLANTEAR UNA SOLUCIÓN

A. Lea el siguiente artículo.

Calor que empobrece° — **impoverishes**

Hace un año en la región alpina fue encontrado el «hombre de los hielos»: un cadáver de la Edad de Piedra que yacía° en un glaciar tirolés°, cerca de la frontera° austro-italiana y que había permanecido oculto durante miles de años. — **lay buried/ Tyrolean/ border**

El hallazgo°, sin embargo, no fue un golpe de suerte pues «el hielo eterno de los Alpes» ha perdido desde 1850 la mitad de su volumen y hasta el 40 por ciento de su superficie, debido al recalentamiento de la Tierra. — **discovery**

Aunque parezca distante, el avance industrial es la principal causa de este fenómeno, pues juega un papel muy importante en el aumento de la temperatura del planeta, conocido como el efecto invernadero°. — **greenhouse**

La quema de los combustibles fósiles, la deforestación y el uso de aerosoles hacen que gases como el dióxido de carbono se acumulen en la atmósfera e impidan la salida hacia el espacio exterior de la temperatura que irradia el planeta.

B. Trabaje con un(a) compañero(a). Juntos escojan una de las causas del efecto invernadero. Luego hagan una lista de vocabulario pertinente y finalmente describan la causa.

causa ____

vocabulario ____

____

____

descripción ____

____

____

____

____

____

C. Escriban ustedes ahora la solución para el problema que eligieron en el Ejercicio B.

____

____

____

____

____

____

____

____

____

____

► Estructuras en acción

POSITION OF ADJECTIVES

Adjective position is very important when writing descriptions in Spanish. Unlike English adjectives, which are almost always placed before the noun, Spanish adjectives may either precede or follow the noun. The following guidelines will help you to position adjectives correctly.

After the Noun

The great majority of adjectives in Spanish follow the noun. These "descriptive" adjectives point out or describe a quality or characteristic of the noun: they restrict, clarify, and specify. Consider, for example, the general noun *problemas.* By adding the adjective *ecológicos* you can create a subgroup: ecological problems. You can create an even more restrictive subgroup by adding the adjective *mundiales*: *problemas ecológicos mundiales* (worldwide ecological problems).

The following categories of adjectives are used to distinguish the nouns they modify, and therefore they normally are placed after the noun.

1. adjectives that indicate nationality, religion, position, or affiliation

   Examples: *la selva* ***guatemalteca***
   un sacerdote ***católico***
   el partido ***demócrata***
   una familia ***aristócratica***

2. adjectives that express color, form, material, or condition

   Examples: *una tierra* ***negra***
   un edificio ***pentagonal***
   los utensilios ***plásticos***
   una descripción ***clara***

3. adjectives that express technical or scientific concepts

   Examples: *un ataque* ***cardíaco***
   un trabajo ***ecológico***
   un viaje ***espacial***

4. adjectives that are modified by adverbs

   Examples: *el río más* ***grande***
   el lugar más ***conocido***
   un problema muy ***difícil***

Before the Noun

Adjectives are placed before the noun for either grammatical or semantic reasons. Spanish grammar requires that the following kinds of adjectives precede the noun.

1. possessive and demonstrative adjectives

   Examples: ***tu*** *país*
   esta *descripción*
   aquellos *tiempos*

2. ordinal numerals

   Examples: *la* ***primera*** *vez*
   el ***segundo*** *lago*

3. numerical, indefinite, and quantitative adjectives

Examples: ***dos*** *ciudades*
algunas *personas*
varias *opiniones*
otros *conflictos*
muchos *derrumbes*

Sometimes adjectives are placed before the noun in order to express certain meanings.

1. Adjectives that emphasize an inherent quality or characteristic—a quality one normally expects to find in the noun—are placed before the noun. These adjectives do not limit the noun, nor do they add any new characteristics.

   Examples: *la* ***blanca*** *nieve*
   (There is no other color of snow except white.)
   el ***candente*** *sol del desierto del Sahara*
   (One expects the sun in the Sahara to be red hot.)

2. Placing the adjective before the noun sometimes serves to make the characteristic or quality stand out. This effect is accomplished in spoken English by changing the intonation of the voice. Compare:

   Examples: *un* ***buen*** *ecólogo*
   (There is no comparison with other ecologists implied; the point is to make the quality **good** stand out.)
   un ecólogo ***bueno***
   (One can assume that there are other ecologists who are **not** good.)

3. When the adjective describes a quality or characteristic of a **unique** noun, the adjective must be placed before the noun.

   Examples: *la* ***verde*** *selva amazónica*
   la ***alta*** *cordillera de los Andes*

To place the adjective *verde* after the noun phrase *selva amazónica* would imply that there are several Amazon jungles and that not all are green. Likewise, we know that there is only one chain of mountains called the Andes, and that these mountains are very high. Thus the adjective must precede the noun phrase *cordillera de los Andes.*

Adjectives that Change Meaning According to Their Position

The following adjectives change their meaning depending on whether they precede or follow the noun.

Adjective	*Before the noun*	*After the noun*
alguno	some *Tiene algunas ideas.* (He has some ideas.)	any at all (emphatic in negative sentences) *No tiene idea alguna.* (He has no idea whatsoever.)

alto	important, high *Es un alto funcionario.* (He's an important official.)	tall *Es un funcionario alto.* (He's a tall official.)
cierto	certain *Tiene un cierto encanto.* (He has a certain charm.)	true *Es una historia cierta.* (It is a true story.)
diferente	various (plural) *Habla de diferentes temas.* (He talks about various topics.)	different *Es un tema diferente.* (It's a different topic.)
ese	that *Ese hombre nos llamó.* (That man called us.)	(adds a pejorative connotation) *El hombre ese nos llamó.* ("That man" called us.)
grande	famous *Fue una gran mujer.* (She was a great woman.)	big *Fue una mujer grande.* (She was a big / tall woman.)
mismo	same *Hizo el mismo estudio.* (He carried out the same investigation.)	self *Él mismo lo hizo.* (He himself did it.)
nuevo	different *Es un nuevo coche.* (It's a different car.) (It could be a used car I just bought.)	brand-new *Es un coche nuevo.* (It's a brand-new car.)
pobre	unfortunate *El pobre niño se perdió.* (The unfortunate child got lost.)	poor (penniless) *Es un niño pobre.* (He's a poor child. He has no money.)
semejante	such a *No puedo creer semejante historia.* (I can't believe such a story.)	similar *Su historia es semejante a la mía.* (His story is similar to mine.)
simple	mere *Es un simple empleado.* (He's a mere employee.)	easy, simpleminded *Es un problema simple.* (It's an easy problem.)
triste	unimportant *Es un triste burócrata.* (He's an unimportant bureaucrat.)	sad *Es un burócrata triste.* (He's a sad bureaucrat.)

único	only *Es mi única solución.* (It's my only solution.)	unique *Es una solución única.* (It's a unique solution.)
varios	several *Compré varias cosas.* (I bought several things.)	miscellaneous *Hablamos de asuntos varios.* (We talked about miscellaneous topics.)
viejo	dear (referring to persons) *Es una vieja amiga.* (She's a dear friend.)	old *Es una mujer vieja.* (She's an old woman.)

Position of Two or More Adjectives

When two or more adjectives modify a single noun, the following rules determine the position of the adjectives.

1. If both adjectives are descriptive, they follow the noun. The more restrictive adjective comes before the less restrictive.

   Examples: *Analiza la política española* ***contemporánea.***
   (He's analyzing Spanish politics, focusing on **contemporary** politics.)

   Analiza la política contemporánea ***española.***
   (He's analyzing contemporary world politics, focusing on **Spanish** politics.)

2. One adjective can precede the noun and the other can follow it. The adjective that denotes a subjective evaluation comes before the noun; the more restrictive and informative adjective follows the noun.

   Examples: *la* ***fantástica*** *selva* ***amazónica***

   el ***gran*** *pintor* ***argentino***

   la ***exquisita*** *poesía* ***romántica*** *española*

3. Adjectives that are equivalent in function are joined by a conjunction or a comma.

   Examples: *un informe* ***largo*** *y* ***aburrido***
   (Both adjectives emphasize the boring aspect of the report).

   una panameña ***alta, atlética*** *y* ***entusiasta***
   (All three adjectives describe.)

EXERCISES

A. Position the following adjectives correctly, use a conjunction or comma where necessary, and then explain or justify your choice. In some cases there is more than one correct possibility. Follow the example.

Example: las aguas árticas frías
las frías aguas árticas
Explanation: *"Frías" is an intrinsic quality of the waters of the Arctic; "árticas" is descriptive and limiting (or restrictive).*

1. la guerra sangrienta española civil

____

Explanation: __________________________________

____

____

____

2. grandes cinco ecológicos dilemas

____

Explanation: __________________________________

____

____

____

3. la argentina cosmopolita capital

____

Explanation: __________________________________

____

____

____

4. tierra aquella calcinada y estéril

____

Explanation: __________________________________

____

____

____

5. las andinas montañas altas

____

Explanation: _______________

6. el tratado más simple ecológico

____

Explanation: _______________

B. Express the following phrases in Spanish.

1. two old Inca temples

2. a poor (unfortunate) man lost in the big city

3. various important details

4. an interesting Bolivian university professor

5. young Chilean scientists

6. a very important contribution

7. a famous Argentine painter

8. my old (dear) friend

9. the clear waters of the Caribbean

____

10. the eternal ice of the Alps

____

▶ Manos a la obra

A. Lea la descripción de la ciudad de Los Ángeles, California.

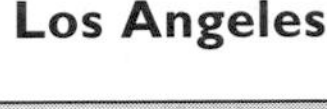

Los Ángeles

La gran urbe° de acero°, concreto y asfalto se levanta del Océano Pacífico y avanza devorando kilómetro tras kilómetro hasta perderse en el desierto californiano. Cientos de calles se encuentran con autopistas para formar un cerrado laberinto por donde transitan día y noche una multitud de vehículos siempre hambrientos° de combustible, por donde corre una población siempre en marcha, siempre creciente. La colina° de ayer adornada de palmas es hoy la nueva urbanización°, el nuevo supermercado, el nuevo centro comercial. El campo se encoge° y la ciudad se ensancha°. «¿Hasta cuándo podrá la Madre Tierra soportar tanto abuso?» — me pregunto mientras corro a setenta millas por hora hacia mi destino.

metropolis/ steel
hungry
hill
real-estate development/
shrinks/ expands

Los Ángeles es un mosaico de toda nacionalidad, raza y lenguaje humano. Es el prototipo de la ciudad del siglo XXI donde el coreano° vive junto al mexicano y al chino. El árabe es vecino del afroamericano, el australiano y el chileno. El anglosajón trabaja con el hebreo y el tailandés con el vietnamita. Es el escenario donde la violencia y la misericordia°, el amor y el odio, la venganza° y la comprensión, la vida y la muerte se cruzan todos los días.

Korean
compassion/ vengeance

OBSERVE... el uso de la preposión **para** en la frase «**para formar**» y la preposición **por** en la frase «**por donde transitan**».

B. Conteste las siguientes preguntas sobre el texto.

1. ¿Qué describe el primer párrafo?

____

____

____

2. ¿Qué se describe en el segundo párrafo?

____

____

____

C. Escoja usted ahora un pueblo o ciudad que conozca bien.

1. Escriba en las siguientes líneas algunas palabras que describan la apariencia física del lugar.

____

____

____

____

____

2. En el espacio a continuación anote algunas palabras que describan aspectos interesantes del lugar. Usted podría mencionar, por ejemplo, puntos de interés turístico, costumbres famosas, población, etc.

____

____

____

____

____

____

____

____

____

____

3. Usando las ideas de las líneas anteriores, escriba la descripción completa del pueblo o ciudad que usted seleccionó.

____

____

____

____

____

____

____

____

____

____

____

____

____

____

____

D. Ahora le corresponde a usted describir a una persona que admira o que ha influido en su vida. En una hoja adicional, haga una descripción breve de las características físicas o psicológicas de esa persona.

PARA LOS INTERNAUTAS

WWW

Vaya a **http://www.wiley.com/college/composicion**, busque la página correspondiente a este capítulo y haga los ejercicios indicados.

MÁS ALLÁ

Comente los siguientes temas con sus compañeros de clase. Luego escoja uno de ellos y escriba sus opiniones al respecto.

1. Los países industrializados quieren prohibirles a los países en desarrollo que exploten sus selvas tropicales, ya que éstas son una de las principales fuentes del oxígeno para nuestro planeta. Describa usted la posición de los países en desarrollo.
2. Algunos grupos que defienden la naturaleza promueven (*advocate*) la desobediencia de la ley para proteger el medio ambiente. ¿Cómo justifican esa posición?
3. Describa usted las responsabilidades que tienen el gobierno, la industria y los ciudadanos en la protección de nuestro planeta.

En esta página podrá anotar sus ideas respecto a este capítulo o bien referirse a un episodio de su propia vida.

Querido diario:

Capítulo 12

Artistas del mundo hispano

> **Objectives**
>
> Upon completion of this chapter you should be able to:
>
> - write an essay
> - develop a research paper
> - utilize appropriate vocabulary to write about art and artists

"La boda", obra del artista mexicano Alfredo Ramos Martínez.

This chapter is organized differently from previous chapters because its writing task—developing an essay and/or a research paper—synthesizes previous material in order to structure a final more involved composition.

► Para hablar del tema

VOCABULARIO ESENCIAL

Estudie las siguientes palabras y expresiones. Le pueden resultar útiles para entender y escribir sobre arte en general y sobre pintura en especial.

Sustantivos

la acuarela	*watercolor*
el autorretrato	*self-portrait*
el caballete	*easel*
el cuadro	*picture, painting*
la escultura	*sculpture*
el estudio / el taller	*studio*
el hito	*landmark, milestone*
la manta / el lienzo / la tela	*canvas*
el motivo	*motif*
la naturaleza muerta	*still life*
el óleo	*oil painting*
el paisaje	*landscape*
el paisaje marino	*seascape*
la permanencia	*stay, time spent in a place*
la perspectiva	*perspective*
el pincel	*artist's brush*
la pintura	*paint, painting*
la pintura abstracta	*abstract painting*
el retrato	*portrait*

Verbos

apartarse de	*to put aside*
plasmar	*to mould, shape, portray*
provenir	*to come from*

Adjetivos

acalorado(a)	*heated*
controvertido(a)	*controversial*
inusitado(a)	*unexpected*
perdurable	*lasting*

A. Lea el siguiente artículo.

El mundo de Frida Kahlo

Frida Kahlo, Autorretrato con el pelo suelto.

La pintora mexicana Frida Kahlo se ha convertido en un inusitado fenómeno internacional. En 1990 su obra *Diego y yo* fue la primera pintura latinoamericana vendida por más de un millón de dólares. En mayo de 1991 su autorretrato de 1947, *Autorretrato con el pelo suelto,* rebasó° el precio de esta venta al subastarse° por un millón seiscientos cincuenta mil dólares. La cantante Madonna, que compró *Mi nacimiento* por una canti-

rebasó° exceeded
subastarse° to be sold by auction

dad no divulgada°, ha expresado interés en interpretar el papel de Kahlo en el cine. Los autorretratos de Kahlo aparecen en las publicaciones y los lugares más insólitos° del mundo, llevados por las corrientes del consumismo y la promoción comercial. A la pintora mexicana, *in absentia,* se le atribuyen posiciones políticas en los debates de nuestro tiempo que harían arquear° las famosas cejas° de la artista con sorpresa y quién sabe con qué medida de interés. Hoy se habla de Frida como nunca se ha hablado de Pablo Picasso, ni de Diego Rivera, ni de Georgia O'Keefe, con una familiaridad que desconcierta aun el desconcertante mundo del arte contemporáneo.

disclosed
unusual
arch/ eyebrows

Indudablemente, «Frida» es en la actualidad un signo de valor transcultural que significa diversas cosas para diferentes personas, en variados contextos. Ese valor de signo que ha obtenido el nombre de la artista amplifica y difunde su fama y, a la vez, ayuda a crear muchas Fridas imaginarias, tan diferentes como las interpretaciones que provoca su obra. Por otra parte, lo personal de su pintura tiende a explicar la identificación expresa de muchos admiradores de Frida con el dolor y las viscitudes que marcaron su vida.

La discusión actual de la obra de Frida Kahlo gira° alrededor de dos problemas fundamentales. El primero está relacionado con el dolor personal que Kahlo siempre supo plasmar en su pintura y el cual parece apoyar la idea romántica de que en el arte se conjugan el sufrimiento con la femineidad. De esta insinuación resulta una Frida cuya obra afirma el mito patriarcal de que el ser mujer implica sufrir y ser sufrida. Al adoptar a Kahlo como una figura de culto y veneración, el feminismo tiende a pasar por alto todo un discurso de la victimación femenina que se desprende° de la obra de la artista y que debe ser profundamente cuestionado. Un segundo problema tiene que ver con la apropiación del arte de Kahlo por tendencias extranjeras que le confieren características que no le pertenecen. En 1938 André Breton, el padre del surrealismo, la declaró representativa de su movimiento. Sin embargo, la imaginería de Kahlo tiene más que ver con el folklore mexicano que con la imaginación surrealista. Hoy la crítica afirma sin duda las facetas claramente mexicanas de la pintura de Frida Kahlo.

centers
stems

B. Conteste las siguientes preguntas.

1. Dé algunas razones por las cuales es tan admirada la pintora mexicana Frida Kahlo.

____

____

____

____

____

2. ¿Cuáles son los dos problemas fundamentales que surgen al analizar la obra de la artista?

____

____

____

____

3. Estudie la pintura de Frida Kahlo *Autorretrato con el pelo suelto* y descríbala brevemente. ¿Le gusta? Explique sus razones. ¿Cree usted que vale $1.650.000?

____

____

____

____

____

____

C. Ahora haga una lista de las palabras del Ejercicio A que usted no conocía. Añada otras expresiones que considere útiles para escribir sobre el arte. Si es necesario, busque su significado en el diccionario.

________	________	________
________	________	________
________	________	________
________	________	________
________	________	________
________	________	________
________	________	________
________	________	________
________	________	________
________	________	________

VOCABULARIO CLAVE

Las palabras de esta sección son de uso muy frecuente. Estúdielas y apréndalas. Le ayudarán en sus trabajos de redacción.

pese a *in spite of*

Pese a que leí el artículo varias veces, aún no lo comprendo bien.

por otra parte *on the other hand*

Además del alto valor artístico de su obra, se debe señalar **por otra parte** su carácter personal.

si bien *although*

Los cuatro pintores, **si bien** diferentes, recibieron todos influencias de sus raíces culturales.

► Análisis del ensayo/trabajo de investigación

Muchas veces en la vida profesional se tiene que analizar, interpretar o evaluar un tema por escrito. El tipo de redacción que se ha de usar entonces es **el ensayo**. Un ensayo puede tomar varias formas: puede ser una obra literaria pulida (*polished*) y erudita (este tipo de ensayo es un género literario, al igual que la novela, el cuento, el drama o la poesía), un trabajo de investigación para una de sus clases, un artículo de una revista popular o profesional, un breve artículo de un periódico, o quizá un folleto (*pamphlet, brochure*) comercial o político. Puede, aun, tomar la forma de una carta dirigida a la redacción (*editor*) de un periódico. Otra clase de ensayo, un tipo que muchos estudiantes conocen, es el examen que requiere que el alumno escriba de una manera coherente y organizada una composición que demuestre su conocimiento sobre la materia de un curso.

En el pasado, se insistía en que los estudiantes observaran reglas (*rules*), fórmulas y estructuras bastante rígidas en la elaboración de un ensayo. Se obligaba, por ejemplo, a hacer una distinción entre las diferentes formas técnicas del desarrollo de una tesis de ensayo: el análisis, la definición, la clasificación, la comparación o el contraste. Hoy el interés se centra en la clara y precisa elaboración de un trabajo.

La mayoría de los autores conciben sus escritos siguiendo un cuidadoso plan. Sin embargo, algunos obtienen resultados satisfactorios utilizando solamente unas pocas palabras o frases cortas para guiarse en la redacción de un ensayo. Finalmente, hay quien prefiere que fluyan (*flow*) las ideas sin un plan previo. La experiencia parece demostrar la necesidad, al menos cuando se comienza a escribir, de un bosquejo formal.

Lo más importante para quien desea producir un buen ensayo es seguir tres pasos básicos.

1. Decidir exactamente lo que se quiere enfocar (*to focus on*)—cuál va a ser la tesis de la obra.

2. Desarrollar la tesis lo más específicamente posible, cuidando que lo escrito sea claro, organizado y coherente.
3. Revisar lo escrito.

LA ELECCIÓN DE UN TEMA Y LA DEFINICIÓN DE UNA TESIS

El tema o tópico es el campo general del conocimiento sobre el que se escribe. Por ejemplo, se puede hablar sobre literatura, deportes, pintura, etc. La tesis es una oración que resume la idea principal del ensayo y a la cual se subordina el resto de la composición.

Ejemplo: la pintura (**tema general**)
Diego Rivera revitalizó la pintura mexicana con la inclusión de elementos autóctonos (*indigenous*). (**tesis**)

No siempre es necesario decidir sobre una tesis. Puede suceder que una profesora de historia le dé a la clase un examen tipo ensayo en el cual se requiera escribir sobre un aspecto determinado de un período histórico. Quizá una gerente de una compañía encargue la redacción de un artículo sobre las ventajas de un nuevo tipo de computadora. La mayoría de las veces, sin embargo, es el escritor quien ha de decidir sobre la tesis.

¿Cómo llegar a la decisión? ¿Cómo encontrar esa **tesis**? Antes que nada, lo más recomendable es escribir sobre un asunto conocido que interese al autor. Sería absurdo, por ejemplo, intentar escribir sobre el cine español contemporáneo sin haber visto un razonable número de películas españolas recientes o cuando no se está interesado en el cine. Por supuesto, de vez en cuando es necesario escribir sobre un tema fuera de la especialidad o experiencia personal. En tal caso es absolutamente esencial investigar (*to do research*), leer e informarse hasta lograr un buen dominio de la materia. Cerciórese (*Be sure*) de conocer muy bien la estructura y funcionamiento de su biblioteca, institución clave en sus trabajos de investigación. En la mayoría de las universidades se organizan visitas durante las cuales se dan instrucciones de los varios sistemas disponibles para buscar y obtener préstamos de libros. Los bibliotecarios le pueden aconsejar también sobre cualquier tema o dificultad que se le presente.

Inicialmente se debe escoger un tema o tópico sobre el cual se pueda escribir inteligentemente. Luego hay que delimitar y enfocar ese tópico. Es importante considerar la longitud (*length*) deseada y el tiempo de que se dispone (*available*) para escribir, el límite de páginas o palabras u otros factores semejantes. Sin esta delimitación del tema, el autor puede sobrepasar (*exceed*) el límite de tiempo o de palabras, o aún peor, puede producir un trabajo vago y general, por lo común de poco valor.

Comience por dividir el tema general en aspectos específicos. Subdivida, luego, **uno** de estos aspectos en otro aún más específico. Siguiendo este método encontrará por fin una faceta del tema original lo bastante específica como para poder ser desarrollada en los límites fijados para el ensayo o trabajo asignado. Los ejemplos que siguen ilustran la delimitación y enfoque de temas generales hasta lograr tópicos más específicos.

Ejemplo 1

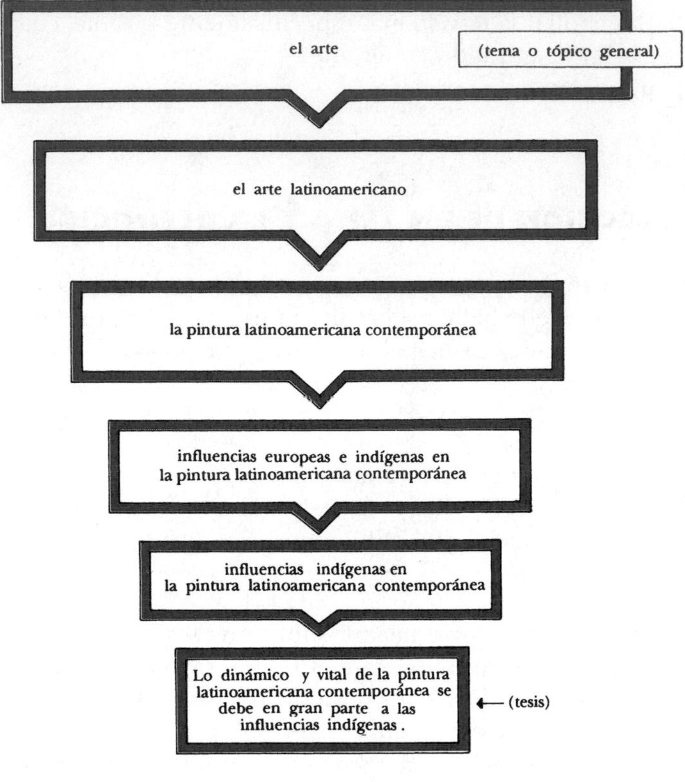

Ejemplo 2

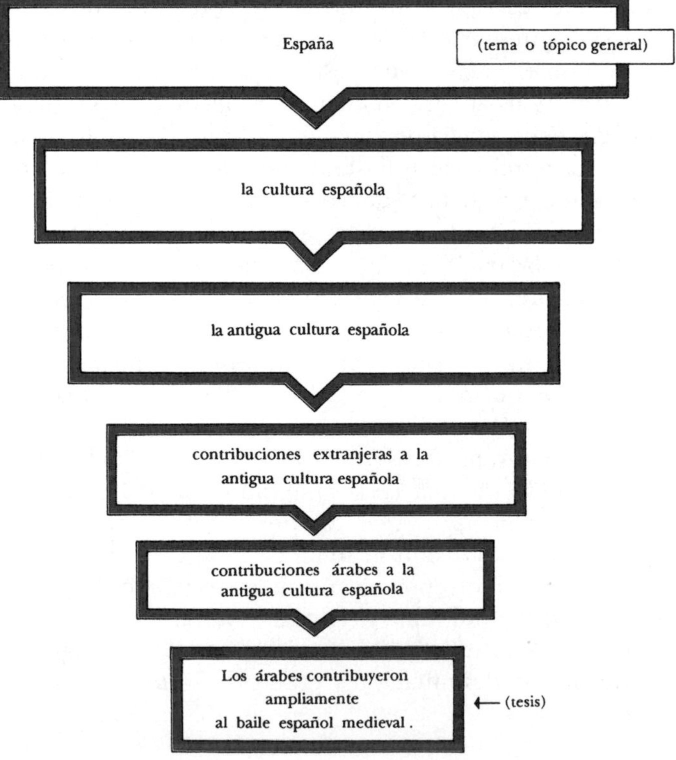

A. Utilice este diagrama para limitar y enfocar el tema general «la música» hasta llegar a una tesis específica que se pueda desarrollar en un ensayo de dos o tres páginas.

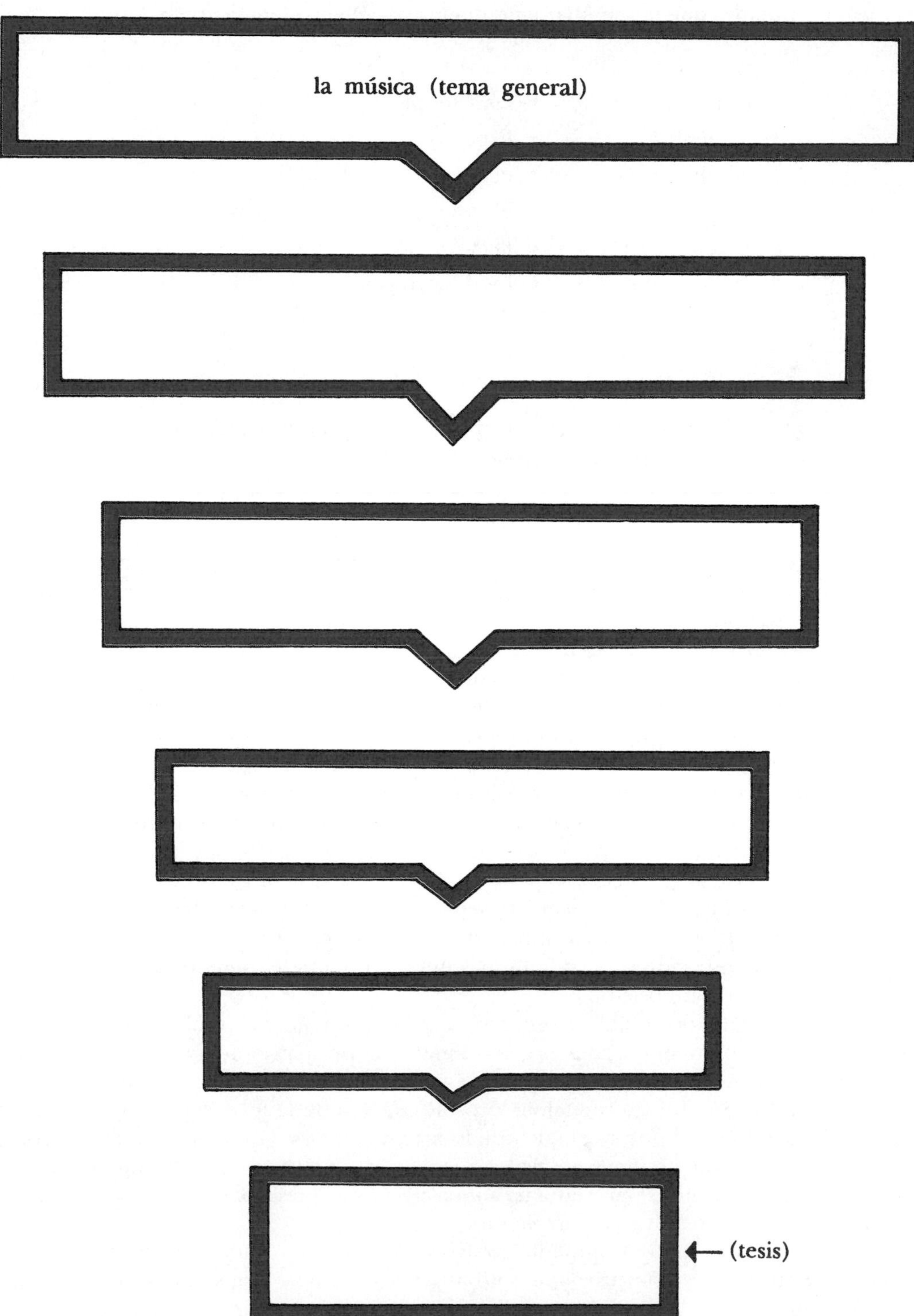

B. Los siguientes temas son demasiado generales para desarrollarse en un ensayo o trabajo de investigación. Escoja usted uno que le interese o pídale a su profesor(a) que le asigne uno. Luego limítelo y enfóquelo en una hoja adicional siguiendo el diagrama del Ejercicio A. Debe obtener la aprobación de su profesor(a); más adelante usted tendrá que desarrollar un esquema basado en el tema escogido.

- la arquitectura
- la escultura
- la religión
- el amor
- Latinoamérica
- la literatura
- las artes plásticas
- España
- el cine
- el canto
- la danza
- los deportes

EL DESARROLLO DE LA TESIS: ORGANIZACIÓN DE SUS IDEAS EN FORMA ESCRITA

La organización

Todo ensayo o trabajo de investigación consta de (*consists of*) varios párrafos o secciones que sirven para desarrollar la tesis. Al principio se hace una introducción que plantea (*states, sets forth*) la tesis de una manera concisa. Es decir, informa al lector sobre cuál es la idea que se va a desarrollar.

También ha de haber alguna clase de conclusión. Esta sección puede resumir (especialmente si el trabajo es extenso) las ideas fundamentales que se han presentado, o plantear una implicación que se deriva de la tesis desarrollada. La conclusión por lo general ocupa un párrafo entero. Entre la introducción y la conclusión se encuentra el desarrollo (*body*) del trabajo. Es una serie de párrafos interrelacionados, cada uno de los cuales elabora o amplía (*develops, enlarges upon*) un único punto o aspecto de la tesis principal.

¿Cuántas páginas o párrafos debe tener el desarrollo de un buen ensayo o trabajo de investigación? La respuesta a esta pregunta es obvia: se deben utilizar cuantas páginas o párrafos sean necesarios para desarrollar la tesis. Hay que enfatizar que la **organización** de cada sección o párrafo es más importante que el **número** de páginas o párrafos que tenga la composición.

Cuando se trató la estructura del párrafo en el capítulo 3, se mencionó la oración tópica o temática. Ésta es generalmente la primera oración del párrafo, aunque, como usted recordará, también puede estar en la mitad o al final, y en algunos casos no existe. La oración tópica menciona un solo aspecto de la tesis del trabajo. Es una síntesis del párrafo en el que se encuentra. El arte de unir esas oraciones en forma coherente es el que produce buenos ensayos y trabajos de investigación. No olvide que en cada párrafo del desarrollo se presenta **un solo aspecto** de la tesis para ampliarla, detallarla (*specify it in detail*), explicarla, corroborarla o reforzarla.

Lea usted el siguiente ensayo y observe cómo cada párrafo del desarrollo plantea con detalles específicos un solo aspecto de la tesis que se presenta en el párrafo introductorio.

Wilfredo Lam, La Jungla.

Los hitos° del modernismo

párrafo 1 Desde la época colonial el arte latinoamericano ha combinado elementos europeos e indígenas, pero durante varios siglos° predominaron los primeros. Las catedrales e iglesias de México y Perú incorporaron motivos decorativos indígenas; no obstante los conceptos, estilos y técnicas eran españoles. Durante los siglos XVIII y XIX, los gustos europeos continuaron influenciando el arte latinoamericano, pero fue a comienzos del siglo XX cuando el equilibrio entre los estilos del Viejo Mundo y los autóctonos cambió radicalmente. **introducción**

párrafo 2 Hoy día el arte latinoamericano es, quizá, el más vital y dinámico del mundo, gracias en buena medida a la visión precursora de cuatro grandes pintores latinomericanos: Diego Rivera, Joaquín Torres-García, Wilfredo Lam y Roberto Matta. Los cuatro estudiaron en Europa, especialmente en París, y se empaparon° de ideas de vanguardia, desde el cubismo al surrealismo automatista; pero se apartaron de estos modelos y buscaron inspiración en las distintas culturas del Nuevo Mundo. El

hitos...*milestones*; **siglos**...*centuries*; **se empaparon**...*absorbed*

desarrollo

resultado fue un arte innovador que, si bien tenía cimientos° europeos, reflejaba una visión singular.

párrafo 3 El mexicano Diego Rivera (1886–1957) se dedicó a la glorificación del hombre común, no simplemente por medio del retrato del trabajador, sino mediante° la incorporación del arte folklórico a su estilo pictórico. En muchos de sus murales reprodujo escenas de la antigua vida mexicana. Rivera transmitió una visión poética, no histórica, de la sociedad mexicana precolombina. Incluyó deidades aztecas y escenas de la mitología azteca con el objeto de captar la totalidad de la visión indígena, y también emuló los gráficos y pinturas precolombinos. En su *Historia de las religiones* (1950–1954), fuentes mayas inspiraron su versión de las prácticas religiosas precolombinas, los sacrificios humanos incluidos.

párrafo 4 De modo similar, el descubrimiento del arte precolombino revolucionó el trabajo del uruguayo Joaquín Torres-García (1874–1949). Anteriormente se había interesado por las formas estilizadas del arte europeo medieval y del arte africano. Alrededor de 1930 abandonó el estructuralismo abstracto puro y pasó a incorporar en sus obras representaciones evocadoras de las figuras creadas por las civilizaciones antiguas. Aunque su obra reflejó la influencia de diversas culturas antiguas, muchos de sus conceptos provinieron directamente del arte precolombino. A diferencia de Rivera, Torres-García no consideró este nuevo estilo como una afirmación de identidad cultural nacional. Debido, quizá, a su propia formación clásica y a su prologada residencia en Europa, percibió la civilización precolombina como un elemento del gran patrimonio° artístico del mundo, no limitado a un determinado país o propio de éste.

párrafo 5 Mientras que Rivera y Torres-García encontraron inspiración en las culturas indígenas precolombinas, el cubano Wilfredo Lam (1902–1982) se volvió hacia sus raíces africanas. Hijo de padre chino y madre mulata, desde su niñez Lam se vio expuesto° a las influencias de las culturas china, europea y africana; sin embargo se sintió especialmente atraído° por las tradiciones de su madre. En 1938 se trasladó° a París donde Picasso lo puso en contacto con la escultura africana. En sus primeras composiciones es evidente la influencia de Picasso y otros modernistas, pero muy pronto comenzaron a predominar las imágenes nativas. Aunque Lam no practicaba religión alguna, percibió en la santería° y otros cultos una suerte° de fuerza primitiva, de poderío° crudo, que se manifiesta en sus pinturas.

párrafo 6 El chileno Roberto Matta (1911–) es el más joven de los cuatro pintores. Durante su permanencia en México, Matta se interesó en la mitología maya que se basa en una visión cósmica del universo. El hombre y la naturaleza son considerados elementos de una totalidad y el tiempo como algo cíclico. Matta percibió el antiguo sistema como una respuesta creativa al caos fundamental del universo. El pintor también viajó al Perú, donde visitó Machu Picchu y descubrió una profunda afinidad con los artistas precolombinos cuyas obras de belleza perdurable respondían a las exigencias° del majestuoso paisaje peruano.

conclusión

párrafo 7 Los cuatro artistas, si bien radicalmente diferentes en cuanto a estilo y propósitos, pese a su formación europea, resultaron profundamente influidos por sus raíces y revitalizaron el arte latinoamericano.

cimientos...*bases, foundations*; **mediante**...*by means of*; **patrimonio**...*heritage*; **expuesto**...*exposed*; **atraído**...*drawn to, attracted to*; **se trasladó**...*moved*; **santería**...*African-based religion practiced in the Caribbean*; **suerte**...*kind, type*; **poderío**...*strength*; **exigencias**...*demands*

El ensayo anterior utiliza buenas técnicas expositivas. El primer párrafo es una introducción, y en la última oración la autora plantea su tesis: los estilos indígenas tienen mayor influencia que los europeos en la pintura latinoamericana del siglo XX.

Observe usted cómo la escritora desarrolla su tesis a través de los párrafos del ensayo. En el segundo párrafo menciona a cuatro pintores que, apártandose de modelos europeos e inspirándose en las culturas del Nuevo Mundo, renovaron el arte latinoamericano. Luego cada párrafo que sigue explica con ejemplos y detalles la obra de **uno** de estos artistas. El tercer párrafo, por ejemplo, cita algunos de los temas mexicanos precolombinos que incorpora Diego Rivera en su pintura (dioses aztecas, sacrificios humanos, etc.).

C. Conteste las siguientes preguntas sobre el ensayo.

1. ¿ Qué hace la escritora en el cuarto párrafo?

____

____

____

____

____

2. ¿Qué logra en el quinto párrafo?

____

____

____

____

____

3. ¿Qué muestra el sexto párrafo?

____

____

____

____

____

4. ¿Cuál es la función del séptimo párrafo?

____

____

____

____

____

Note que aunque cada párrafo enfoca un aspecto distinto, todos tienen en común la referencia a la tesis. Observe también el uso de las expresiones de enlace (*linking, connection, transition*) (**hoy día, de modo similar, mientras**) con las cuales se introducen los pá-rrafos 2, 4 y 5. Estas expresiones indican las relaciones entre los diferentes párrafos. La fluidez (*fluidity*) de la composición en gran parte se debe al uso de palabras como éstas que aseguran (*ensure*) la transición y el enlace de las ideas presentadas. En la sección **Vocabulario clave** de cada capítulo usted ya ha estudiado muchas de estas palabras y expresiones.

La organización de datos

En un buen ensayo o trabajo de investigación el escritor recoge (*collects*) y organiza una cantidad de ejemplos, detalles o datos para elaborar o corroborar su tesis. En casos de investigaciones extensas, como se apuntó anteriormente, es imperante consultar obras de autoridades en la materia para justificar o respaldar las ideas propias. Puesto que las bibliotecas y hemerotecas (*periodical section of a library*) prestan libros y revistas por un período relativamente corto, es necesario crear **fichas bibliográficas** donde se conserve toda la información sobre las obras consultadas. Además es también recomendable proveerse de tarjetas donde copiar cualquier información que se considere pertinente. Además de las fuentes obtenidas en una biblioteca, el autor puede utilizar experiencias y observaciones personales para ampliar o sustentar las ideas expuestas. No importa la perspectiva, sea personal o impersonal; lo importante es elaborar la tesis de manera que el lector pueda seguir el hilo (*course, thread*) de la discusión.

Observe los ejemplos de una ficha bibliográfica y de una ficha de anotaciones.

Ficha bibliográfica

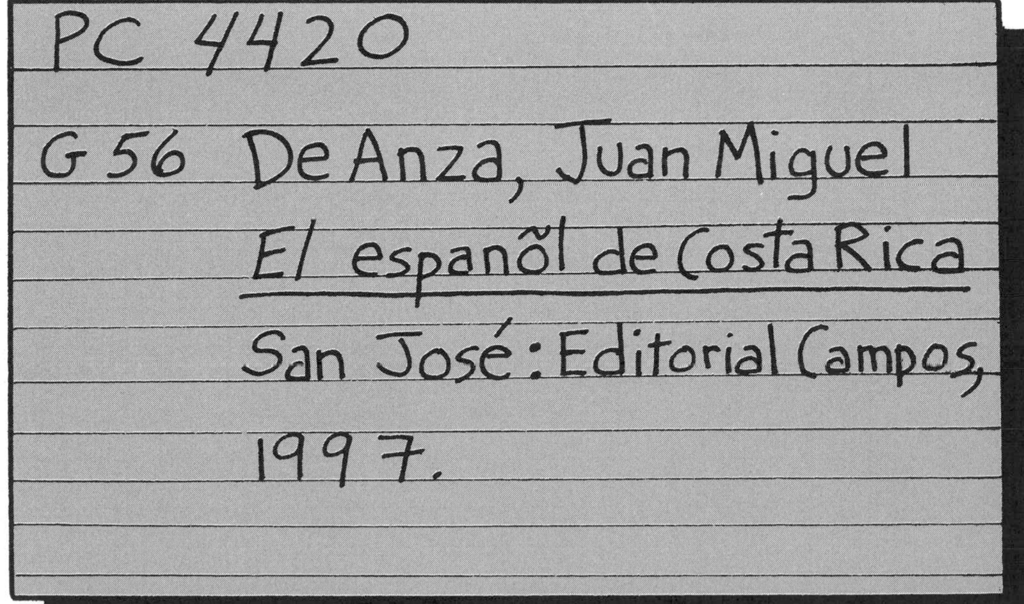

Ficha de anotaciones

De Anza, p.128 velarización de la n dental

«Se observa, sobretodo en la Meseta Central,
una velarización de la n en posición final.
Este es un fenómeno bastante extendido
en Centroamérica. Así pues la palabra
camión, normalmente pronunciada [kamión],
se convierte en [kamióŋ]»

Buscar más ejemplos y otros posibles casos de este alófono.

Sugerencias para sus fichas

1. Use dos tipos de tarjetas: uno para sus fichas bibliográficas y otro para sus anotaciones.
2. Escriba claramente usando un bolígrafo.
3. Incluya en la ficha bibliográfica la signatura (*call number*) del libro.
4. Use comillas cuando copie textualmente.
5. Copie con cuidado para evitar errores. Revise para verificar que la información esté completa y que no haya faltas de ortografía ni de puntuación.
6. Cuando copie una cita o apunte una anotación, escriba siempre la página donde la encontró.
7. Haga una distinción clara entre sus propios comentarios y las palabras del texto que está usando.
8. Nunca mezcle en una tarjeta información proveniente de varios textos.

D. Vaya a la biblioteca y obtenga toda la información necesaria para escribir un ensayo o trabajo de investigación sobre el tema que usted escogió en el Ejercicio B de la página 250. Siga las recomendaciones dadas para confeccionar fichas. Cuando haya terminado, preséntele todas las fichas a su profesor(a).

¿Cómo empezar?

a) Uso de un esquema

Y ahora bien, ¿qué pasa cuando al sentarse a escribir usted tiene una serie de fichas pero la página y la mente en blanco (*blank*)? No se preocupe. Esta situación es más común de lo que se piensa. Aun los escritores profesionales pasan de vez en cuando por experiencias semejantes. Recuerde que lo mejor en tales momentos es escribir **algo**. Muchas veces lo más difícil es poner la primera palabra en la página. Recuerde también que sus primeros esfuerzos no tienen que ser perfectos. De hecho, sería muy raro si lo fueran. Crear un esquema a través del cual usted pueda desarrollar su tesis es un buen modo de empezar. He aquí un modelo. Adáptelo a las necesidades de su tema.

Esquema
Cambios en la España de Felipe V

I. Introducción
    A. Nacimiento de una nueva era
    B. Los Borbones y el afrancesamiento
II. Desarrollo
    A. Cambios en poder real
        1. el despotismo ilustrado
        2. desaparición de las autonomías municipales y regionales
        3. las secretarías o ministerios aumentan su poder
        4. Felipe V establece la ley Sálica
    B. Cambios en la iglesia
        1. luchas entre el Papado y el poder real
        2. pérdida del poder de la inquisición
    C. Cambios en el arte
        1. cambios de los tonos oscuros a los claros
        2. llegada a España de artistas extranjeros
III. Conclusión
    El deslumbramiento de España por la cultura francesa. Las costumbres españolas se conservan más en el pueblo que en las elites intelectuales.

E. Haga ahora un esquema de su tema. Aunque no sea perfecto y luego tenga que hacerle modificaciones, su elaboración le obligará a organizar los datos y notas recogidos. Deberá entregar el esquema a su profesor(a) para que lo evalúe.

Consulte siempre el esquema para asegurar una exposición armoniosa y lógica. A menudo esta etapa (*step*) del proceso ayuda a reestructurar el esqueleto del trabajo, a generar nuevas ideas o a modificar el enfoque de la tesis.

b) Uso de notas o apuntes

Supongamos, por ejemplo, que usted tiene que escribir un ensayo relativamente corto para el periódico de su universidad sobre el tópico «Un(a) profesor(a) que merece (*deserves*) ser nombrado(a) 'Mejor Profesor(a) del Año'» y tiene dificultad en comenzar. Usted no ha elaborado un esquema preliminar. En esta situación, puede pensar en un(a) profesor(a) y por qué le agrada (*you like him/her*). Anote sus observaciones. Podría escribir:

Está muy bien preparado(a) académicamente.
Aporta (*He/She brings*) ideas innovadoras a sus clases.
Siempre trata de una manera respetuosa y justa a los estudiantes.
Tiene buen sentido (*sense*) de humor.

Ahora usted tiene escrito lo suficiente para elaborar una tesis y la introducción al ensayo: «El (La) profesor(a) ____________ merece ser nombrado(a) 'Mejor Profesor(a) del Año' por su buena preparación académica, por sus técnicas innovadoras, por su trato justo y amable y por su buen sentido del humor».

El próximo paso será usar estos cuatro puntos para desarrollar su ensayo, explicando con detalles y ejemplos cada uno de los puntos del primer párrafo. En el segundo párrafo, puede mencionar las universidades a las cuales asistió el (la) profesor(a), los títulos universitarios que tiene, los honores académicos y profesionales que obtuvo, las organizaciones profesionales a las cuales pertenece, sus viajes de estudio, publicaciones, etc. Siga de la misma manera con el segundo punto (en otro párrafo), el tercer punto (en otro párrafo), etc. Luego finalice el ensayo con una conclusión.

F. Con tres compañeros de clase, utilice la información y las sugerencias anteriores para completar el borrador de un ensayo sobre su profesor(a) ideal. Uds. pueden usar su imaginación o escribir sobre un(a) profesor(a) que conocen. Tengan cuidado de que cada párrafo del desarrollo del ensayo plantee una sola idea o un solo aspecto de la tesis. En esta composición la tesis se encuentra en la primera oración del primer párrafo.

El (La) profesor(a) ____________ merece ser nombrado(a) «Mejor Profesor(a) del Año» por su buena preparación académica, por sus técnicas innovadoras, por su trato justo y amable y su buen sentido del humor. Hay, en efecto, pocos profesores de tan extraordinaria calidad, ya sea en el departamento de ____________, como en toda la universidad.

Graduado(a) en ____________ de la Universidad ________________,

ha realizado estudios de posgrado en ______________________________

____

____

____

También ha ______________________________________

____

____

____

Además de sus impresionantes calificaciones académicas, aporta al aula

(*classroom*) ______________________________________

____

____

____

____

____

Aunque ____
____
____
____
____
____
____

Obviamente, ____
____
____
____
____
____
____

Después de completar el borrador, hagan **dos** copias para cada miembro del grupo. Las van a necesitar más tarde.

LA REVISIÓN

Ninguna composición se puede considerar realmente completa hasta que el escritor la haya revisado. La revisión es una etapa absolutamente indispensable en la producción de un buen trabajo.

Terminado el borrador, muchos escritores lo leen inmediatamente y hacen los cambios que consideren apropiados. Luego lo dejan. El distanciarse (*Distancing oneself*) del trabajo, ya sea por unas horas o por unos días, los ayuda a contemplar de una manera más objetiva la labor. Otros escritores más experimentados (*experienced*) van revisando el borrador a medida que lo escriben; pero aún así deben distanciarse del trabajo para regresar más tarde a revisarlo.

La revisión final tiene dos etapas: la temática y la formal. Es recomendable corregir estos aspectos en forma separada. Es decir, leer el borrador dos veces.

La revisión temática

La primera lectura del borrador enfoca la organización. Los esfuerzos se concentran en la estructura y la evolución lógica, según el desarrollo de la tesis. Al leer debe preguntarse si el escrito...

- ha presentado claramente la tesis.
- ha ofrecido bastantes detalles o ejemplos para sustentarla (*support it*).
- ha ordenado lógicamente los párrafos del desarrollo de tal modo que cada uno de ellos hable de un solo aspecto de la tesis.

- ha establecido relaciones entre los párrafos y una transición que guíe al lector hacia una conclusión lógica.

La revisión formal

En la segunda lectura, el autor corrige y pule (*polishes*) la gramática, el vocabulario, la puntuación y la ortografía. Para lograr este objetivo le resultarán útiles los apéndices A, B, C y D de ***Composición práctica***. Corrija el uso del acento escrito, las mayúsculas y la puntuación. No olvide a sus viejos amigos, los diccionarios, sin los cuales la labor es casi imposible. Debe también tener en cuenta las convenciones establecidas para el uso de las notas de texto y la bibliografía. Para ayudarle está el Apéndice E en la página 277. Su profesor(a) le puede ayudar también. No deje nunca de reconocer las fuentes de información utilizadas. No hacerlo constituye un serio delito —**el plagio** (*plagarism*). Después de hacer las revisiones necesarias, lo único que le falta es escribir el trabajo «en limpio» y leerlo una vez más en su forma final.

Manos a la obra

A. Siguiendo las técnicas de revisión que aprendió en este capítulo, utilice un bolígrafo de tinta (*ink*) roja para revisar una de las copias del borrador del Ejercicio F («El (La) profesor(a) ______________ merece ser nombrado(a) 'Mejor Profesor(a) del Año'»). Después de revisar el borrador, escriba usted su propia versión final. Luego entréguele a su profesor(a):

1. la copia del borrador **no** revisada
2. el borrador que usted revisó
3. su versión final «en limpio»

B. Escriba usted (en hojas adicionales) un ensayo o un trabajo de investigación sobre el tema del Ejercicio B de la página 250 que usted escogió y que su profesor(a) evaluó. Use las fichas y el esquema que creó en las páginas 255 y 256. El paso siguiente es escribir el borrador. Consulte el esquema y los apéndices B, C, D y E de *Composición práctica.* Después de revisar su labor, entréguele a su profesor(a) el esquema, el borrador y la versión final del trabajo.

PARA LOS INTERNAUTAS

Vaya a **http://www.wiley/college/composicion**, busque la página que corresponde a este capítulo y haga los ejercicios indicados.

En esta página podrá anotar sus ideas respecto a este capítulo o bien referirse a un episodio de su propia vida.

Querido diario:

Appendix A

Syllabification and Diphthongs

You must be able to divide a word into syllables in order to determine the position of a written accent. Sometimes it is also necessary to divide a word when it does not fit at the end of a line. Because Spanish syllabification is different from English, you should be aware of the following guidelines.

SYLLABIFICATION

1. The simplest syllable consists of a single vowel.

   a   ***o***   ***a**-la*   ***o**-jo*   ***i**-ra*

2. The most common syllable consists of a consonant followed by a vowel.

   ge-ne-ro-so   ***ca-sa***   ***pe-ro***   ***gé-ne-ro***

3. Two consonants are usually divided.

   *li**s-t**o*   *a**l-t**a*   *mi**s-m**o*   *a**l-g**u-no*   *i**m-p**o**r-t**a**n-t**e*

   a. A two-consonant combination whose second consonant is *l* or *r* is not separated.[1]

   *a-**pli**-ca-mos*   *de-sa-**gr**a-da-**ble***   *in-**gl**és*

   b. The letter combinations *ch, ll,* and *rr* are never separated.

   *de-re-**cho***   *cue-**llo***   *a-**rr**an-car*   *pe-**rro***

4. When there are three consonants together . . .

   a. the first two usually go with the preceding vowel, and the third goes with the vowel that follows.

   *i**ns**-**t**a-lar*   *tra**ns**-**c**en-der*   *i**ns**-**p**ec-cio-nar*

[1]The combination *s* + *l*/*r* is an exception: *i**s-l**a, de**s-l**in-de, de**s-r**a-ma.*

b. if the third consonant is *l* or *r*, the last two consonants go with the vowel that follows.

*en-**fla**-que-cer* *ex-**tran**-je-ro* *ex-**pli**-car*

5. When there are four consonants together, they are divided between the second and third.

*cons-**crip**-to* *ins-**cri**-bir* *ins-**tru**-men-to*

DIPHTHONGS

In Spanish, a diphthong is the combination of one weak vowel (*i, u*) and one strong vowel (*a, e, o*), or the combination of two weak vowels. A diphthong constitutes **one syllable**, and its vowels are never separated. (See Appendix B, page 263.)

***ai**-re*	**au**-*la*	*c**ui**-dar*
*b**oi**-na*	*d**io**s*	*c**iu**-dad*
*s**ue**-lo*	*c**ie**-lo*	*Ma-**rio***

Some degree of **spoken** stress always goes on the **strong** vowel or on the **second** vowel of a combination of two weak vowels.

NOTE: Two strong vowels do not form a diphthong.
*m**a-e**s-tra* *de-s**e-o*** *cr**e-e**n*

Appendix B

Stress and Written Accent

In every word of two or more syllables, one syllable is stressed (pronounced more intensely than the other[s]). There are three general rules that determine where a word is stressed.

GENERAL RULES

1. Words that end in a vowel or *-n* or *-s* are stressed automatically on the **second-to-the-last syllable**.

   *ma**ña**na* *departa**men**to* *hospi**ta**les* *consi**de**ran*

2. Words that end in a consonant other than *-n* or *-s* are stressed automatically on the **last syllable**.

   *partici**par*** *ver**dad*** *hospi**tal*** *aves**truz***

Most words in Spanish fall into these two categories and therefore do not require a written accent.

3. Any word that follows a different stress pattern than those described above must have a written accent to tell you which syllable to stress.

*sim**pá**tico*	*Mar**tí**nez*	*expli**cán**domelo*	***fá**cil*
*auto**mó**vil*	*ha**bló***	*Jo**sé***	***Mé**xico*
*te**lé**fono*	*escribi**rás***	*Ma**má***	*Pe**rú***

SPECIAL RULES

1. A diphthong constitutes a single syllable (***seis**, es-tu-**dia***). However, if the primary stress of the word falls on the weak vowel of a strong-weak vowel combination, a

written accent must be placed over the weak vowel. The diphthong is thereby eliminated. (In the following examples the stressed syllable appears in bold face.)

***Ma**-rio* (diphthong *io*)	*Ma-**rí**-a* (no diphthong)
***dia**-ria* (two diphthongs *ia*)	***dí**-a* (no diphthong)
*con-**ti**-nuo* (diphthong *uo*)	*con-ti-**nú**-o* (no diphthong)
***ha**-cia* (diphthong *ia*)	*ha-**cí**-a* (no diphthong)

2. Interrogative and exclamatory words have a written accent (to distinguish them from **relative pronouns** or **adverbs**). This accent mark has no effect on pronunciation or stress.

¿Cómo?	*¡Cómo!*	*como*
¿Qué?	*¡Qué!*	*que*

3. One-syllable words generally do not have a written accent. However, certain words (many of them one-syllable) have a different meaning when they bear a written accent. They are pronounced and stressed identically with or without the accent.

aun	even (adverb)	*aún*	yet, still (adverb)
de	of, from (preposition)	*dé*	give (subjunctive, command of *dar*)
el	the (definite article)	*él*	he (personal pronoun)
mas	but (conjunction)	*más*	more (adverb or adjective)
mi	my (possessive adjective)	*mí*	me (personal pronoun)
se	himself, herself, itself themselves (reflexive pronoun)	*sé*	I know (present of *saber*), be (imperative of *ser*)
si	if (conjunction)	*sí*	yes (adverb)
		sí	himself, herself, themselves (reflexive prepositional pronoun)
solo	alone (adjective)	*sólo*	only (adverb)
te	you (object pronoun)	*té*	tea (noun)
tu	your (possessive adjective)	*tú*	you (subject pronoun)

4. The demonstratives *este, ese,* and *aquel* (and their feminine and plural forms) have written accents when they function as **pronouns**. When they function as **adjectives** they do not.

   Me gusta ***esta*** (adjective) *foto;*

   a Marta también le gusta ***ésta*** (pronoun).

5. The conjunction ***o*** (or) bears a written accent when it occurs between two numerals (to avoid confusing it with a zero).

   506 (five hundred six)

   5 ***ó*** 6 (five or six)

6. A word that has a written accent in the singular usually retains it in the plural.

   lápiz / lápices *altímetro / altímetros*

   There are two exceptions:

   carácter / caracteres *régimen / regímenes*

7. The first element of a compound word does not retain a written accent.

   décimo + *séptimo* = *decimoséptimo*

   así + *mismo* = *asimismo*

8. If a compound word is joined by a hyphen, each element of the hyphenated word retains its original written accent.

   histórico-legendario

   político-económico

   hispano-francés

9. Adverbs that end in *-mente* retain the written accent of the original adjective.

   cortés / cortésmente *rápido / rápidamente*

NOTE: Uppercase stressed vowels retain their written accents.

Los Ángeles *Ávila* *Él habla bien.*

Appendix C

► Capitalization

In general, Spanish and English share many similarities in their use of capital letters (*mayúsculas*) and lowercase letters (*minúsculas*). Nevertheless, there are several cases in which the two languages vary. Note, for example, the differences between these two sentences:

I am **S**panish: **I** am from **S**pain and **I** speak **S**panish.

*Soy **e**spañola: soy de **E**spaña y hablo **e**spañol.*

The following guidelines will help you to determine whether to use a capital or a lowercase letter in Spanish.

USE A CAPITAL LETTER FOR . . .

1. the first word of a sentence.

__D__ecidieron ir al cine.

¿__A__ dónde piensas ir?

¡__Q__ué noche pasamos!

2. proper nouns, names, and nicknames.

Se llama __M__irta __C__ampos.

Nació en __C__aracas, __V__enezuela.

__J__uana la __L__oca

la __F__acultad de __C__iencias y __L__etras

la revista **T**iempo

el periódico **L**a **N**ación

el __C__orte __I__nglés (name of a Spanish department store)

3. **abbreviated** forms of titles and of *usted / ustedes.*

   *¿Conoce **U**d. a **D**. Miguel y a la **S**ra. Lerma?*
   but
   ¿Conoce usted a don Miguel y a la señora Lerma?

4. titles of authorities when referring to a **particular** authority.

   *el **S**enador Marín y los otros senadores*

   *el **P**residente Sarmiento*

   *todos los presidentes, más el **P**residente de Chile*

   *ningún rey como el **R**ey Juan Carlos, **R**ey de España*

5. words that refer to God and to the Virgin Mary.

   *el **S**alvador*

   *el **T**odopoderoso*

   ***N**uestro **S**eñor*

   ***É**l*

   ***N**uestra **S**eñora de **G**uadalupe*

   *la **I**nmaculada*

   *la **M**adre **D**olorosa*

   ***E**lla*

6. the article that accompanies the names of certain **cities**.

   ***L**a Habana*

   ***L**a Paz*

   ***E**l Petén*

   ***L**a Coruña*

USE A LOWERCASE LETTER FOR . . .

1. days of the week.

   *Hoy es **l**unes.*

   *Mañana es **m**artes.*

2. months of the year.

   *el seis de **m**ayo*

   *un día caluroso de **a**gosto*

3. nouns and adjectives of nationality (but **not** the name of the country or city).

   *Soy **c**ostarricense, pero no nací en Costa Rica.*

   *A los habitantes de Madrid se les llama **m**adrileños.*

   *los **m**exicanos expulsados de México*

4. languages.

   *Hablo **e**spañol, **i**nglés y **p**ortugués.*

   *Muchos canadienses hablan **f**rancés.*

5. the article that accompanies certain **countries**' names.

   *Es de **l**a Argentina, pero vive en **e**l Perú.*

   *En **e**l Canadá se habla **f**rancés.*

6. nouns and adjectives that denote political or religious affiliations.

   *Soy **d**emócrata, pero ella es **r**epublicana.*

   *Asistieron **c**atólicos, **j**udíos y **m**usulmanes.*

   *el **p**artido **l**iberal*

   *la **i**glesia **m**ormona*

   *los **m**ormones*

7. titles of books, literary works, articles, artistic works, etc., **with the exception of the first word.**

   Mariano Azuela escribío **Los de abajo.**

   ¿Leyó usted **La familia de Pascual Duarte?**

   *El poema se titula «**Canción de otoño en primavera**».*

8. **unabbreviated** titles.

   *la **s**eñorita Artino*

   *el **s**eñor Gutiérrez*

   ***d**oña Elvira y **d**on Fernando*

Appendix D

▶ Punctuation

Proper punctuation is essential to ensure clarity and precision in your writing. With few exceptions, Spanish punctuation is very similar to English. The following guidelines will help you to punctuate your writing effectively.

1. Use a **period** (*punto*) . . .

   a. to end a declarative sentence (any sentence that is not interrogative or exclamatory).

   Leonora es profesora.

   Alberto vive en Murcia.

   Quise ir, pero no pude.

   Vimos varios animales: alpacas, vicuñas, llamas y guanacos.

   b. to end an imperative sentence.

   Siéntense aquí, por favor.

   No vayas sin avisarme.

   c. after abbreviations.

   El Sr. Montes trabaja para Soler y Cía., S.A.

   La Dra. Roldán compró 20 l. (litros) de gasolina.

NOTE: In writing numbers in Spanish, the period replaces the (English) comma.
5.640.200 (five million, six hundred forty thousand, two hundred)

2. Use a **comma** (*coma*) . . .

   a. to separate elements of a series—unless the elements are joined by *y (e), o (u),* or *ni.*

   Hay clase los lunes, miércoles y viernes.

   Habla clara, directa e inteligentemente.

No asistieron mexicanos, peruanos, argentinos ni chilenos.

Compró el billete, facturó el equipaje, se despidió y subió al tren.

b. to separate the person(s) spoken to in direct address.

Ven acá, Juanito.

Juanito, ven acá.

Siéntense, señores, por favor.

c. before adversative conjunctions—*pero, mas, sino, sin embargo, al contrario, no obstante, aunque, por lo contrario,* and *a pesar de (que)*—when they connect short sentences.

Le rogué que me ayudara, pero no lo hizo.
Le rogué que me ayudara, mas no lo hizo.

and **before and after** when the conjunction is embedded.

Le rogué que me ayudara; no quiso, sin embargo, hacerlo.

d. before causal conjunctions—*porque, ya que, puesto que, pues,* and *que* when it means **because**.

Escríbalo ahora, que (porque) no se lo voy a repetir.

Preferí no ir, puesto que me sentía muy mal.

e. before consecutive conjunctions—*así que, así es que, por lo tanto, por siguiente, en consecuencia; pues* and *luego* when they mean *por lo tanto* (therefore).

No tenemos el dinero suficiente, por lo tanto no podremos comprarlo.

Me mandaron el boleto equivocado, por consiguiente tendré que devolverlo.

and **before and after** when the conjunction is embedded.

No está interesado en nuestra compañía; no creo, por lo tanto, que haya que entrevistarlo.

f. to set off an explanatory phrase or an element that provides additional or incidental information.

Nos lo dijo Pilar, la hija de don Luis.

El anuncio sobre la fotocopiadora, ya publicado anteriormente, no se usará en nuestra edición.

g. to separate participial phrases from the rest of the sentence.

Firmado el contrato, la ingeniera regresó a su país.

Permaneció de pie, el pelo revuelto por el viento.

Hablando en voz alta, entró en la sala.

h. to set off an embedded subject or any other embedded expression.

En la novela, el asesino, con mucha astucia, entró en el cuarto del enfermo.

La chica, cuyos padres son muy ricos, asiste a una escuela privada.

i. to separate a prepositional phrase when it appears at the beginning of the sentence or when it is embedded.

En la estación de Ubeda, el maquinista hizo su primera parada.

El maquinista hizo, en la estación de Ubeda, su primera parada.

j. after an adverb clause that begins a sentence.

Si tuviera tiempo, iría contigo.

Cuando llegamos al pueblo, ya era de noche.

k. to separate a long, extensive subject.

Los alumnos que habían estudiado diligentemente durante todo el semestre, obtuvieron muy buenas notas.

3. Use a **semicolon** (*punto y coma*) . . .

a. to join the clauses of a compound sentence without a coordinating conjunction.

Los hombres lanzaban sus sombreros al aire; las mujeres zapateaban al ritmo de la música.

b. before adversative conjunctions (*mas, pero, aunque,* etc.) **when the clauses are long**.

En el silencioso pueblo de San Jorge, todo parecía dormir en calma a esas tempranas horas de la mañana; pero la actividad hervía ya en las cocinas de las mujeres que comenzaban las labores del día.

If the clauses are short, a comma is sufficient.

Todo parecía calmado, pero la actividad hervía en las cocinas.

c. instead of a period to separate two sentences when the consecutive or adversative conjunction is embedded in the second sentence.

No vino a verme; me sentí, por lo tanto, desilusionado.
or
No vino a verme. Me sentí, por lo tanto, desilusionado.

Me lo explicó; no pude, sin embargo, entenderlo.
or
Me lo explicó. No pude, sin embargo, entenderlo.

d. to separate similar elements of a series when there is internal punctuation.

Les escribimos al Profesor Martí, jefe del Departamento de Ciencias; a la Sra. Alonso, corresponsal de la revista Más; *y a la Licenciada Ortiz, vicedecana de la Escuela de Derecho.*

4. Use a **colon** (*dos puntos*) . . .

a. before enumerations.

Visité varios países: España, Francia, Italia y Grecia.

Hay tres problemas por resolver: la distancia de la estrella, su composición química y su luminosidad.

b. after the salutation that begins letters, speeches, etc.

Muy estimada doña Luisa:

Muy estimado señor:

Querida Ana:

Señoras y señores:

Muy distinguidos colegas:

c. to introduce quotations.

Me dijeron mis padres: «¡Ojalá que no!»

Explicó el autor: «No tenía la menor idea de lo que me pasaba».

d. to indicate that a second idea or piece of information completes or explains a previous one.

El problema se hizo más complejo: nadie quería participar en el concurso, la directiva se negaba a cooperar y el dinero se acabó.

5. Use **quotation marks** (*comillas*) . . .

a. to mark direct quotes.

Nos dijo: «Tenemos que trabajar más hoy si queremos terminar esta semana».

b. to make a word or phrase stand out.

Estos son los «buenos» del grupo.

c. to indicate nicknames.

Llamábamos a Miguel «El Flaquito» por su apariencia física.

d. to make a comment (affirmation, question, exclamation, etc.) of some sort about a word or phrase.

El poeta utiliza la palabra «agua» para sugerir el transcurso del tiempo.

e. to indicate the titles of movies, poems, plays, stories, articles, and essays.

Acabo de ver la película «Los reyes del mambo».

6. Use **parentheses** (*paréntesis*) or a **dash** (*raya*) . . .

to insert explanatory information.

Varios países (Ecuador, Perú y Chile) participaron.

or

Varios países —Ecuador, Perú y Chile— participaron.

Durante la Edad de Oro (1500–1700) floreció la literatura.

or

Durante la Edad de Oro —1500–1700— floreció la literatura.

7. Use a **dash** to indicate dialogue.

—¿A qué hora quieres ir? —le preguntó ella.

—No me importa. No tengo clases hoy.

8. Use **brackets** (*corchetes*) . . .

   a. to insert clarifying or additional information within a quotation.

   «Cada miembro [de la iglesia] firmó la carta».

   b. to insert information within parentheses.

   Participaron varias tribus de la Península (castellanos, leoneses, lusitanos [portugueses], asturianos) en las guerras.

9. Use **ellipsis** points (*puntos suspensivos*) . . .

   to indicate the omission of a word or words from a quote. (Some writers enclose the ellipsis in brackets.)

   «La cucaracha..., ya no puede caminar».

   or

   «La cucaracha [...], ya no puede caminar».

NOTE: Remember that Spanish interrogative and exclamatory sentences begin with inverted punctuation marks.

¿Quieres ir conmigo?

¡Claro que sí!

Appendix E

► Documentation and Bibliography

The ability to make effective and legitimate use of other people's ideas or statements in your own writing is an essential skill in developing research or term papers, book reviews, and various types of reports. Documentation (within the text) and a list of works cited (at the end of the text) will acknowledge the sources of information and ideas used in your paper and help you avoid plagiarism—the illegitimate use of source materials.

Of the various guides for writing research papers, the following are among the most commonly used in colleges and universities throughout the United States:

Modern Language Association. *MLA Handbook for Writers of Research Papers.* 4th ed. New York: MLA, 1995 (used widely in literature and languages as well as in other fields).

Turabian, Kate L. *A Manual for Writers of Term Papers, Theses, and Dissertations.* 6th ed. Chicago: University of Chicago Press, 1996 (a shortened version of the *Chicago Manual of Style*).

Other guides, such as the *Publication Manual of the American Psychological Association* (used often in the social sciences and in other fields), are preferred by some professors.

Your choice might be governed by the requirements of your university, your academic department, the professor in a particular course, or your own personal taste. The guidelines presented in *Composición práctica* follow the MLA format, and they represent selected aspects of documentation/bibliography that you are most likely to find useful in your writing. For less common situations (sources such as pamphlets, dissertations, interviews, conference proceedings, literary works, etc.) you should consult the *MLA Handbook* or one of the other available resources.

DOCUMENTATION

To document quotations, paraphrases, summaries, etc. in an essay or research paper, MLA format requires parenthetical citations within the body (text) rather than footnotes or endnotes. Each citation should be placed as near the relevant material as possible. It should be short—providing only enough information (usually the author's name and the page number) to allow the reader to locate the full citation in the list of works cited at the end of the paper.

The following guidelines will help you to create and place citations effectively.

1. Very often you can include the author's name in the text itself to introduce the material. In such cases you need only cite the page number(s) in parentheses.

   Bárbara Mujica opinó que "Diego Rivera se dedicó a la glorificación del hombre común" (75).

2. When you do not use the author's name in the body of the text, include his or her last name in the parentheses, followed immediately by the page number(s).

   Varios críticos creen que la obra de Diego Rivera muestra una glorificación del hombre común (Mujica 75).

3. If you cite a work written by two or three authors, include all the authors' last names in the citation.

   González y Farrell señalan la importancia de los diccionarios no sólo en la clase de composición sino en la vida diaria (1).

4. For a work with four or more authors, list all four authors or give the last name of the first author followed by "et al." (*and others*).

   Los autores de *Puntos de partida* explican muy bien el imperfecto del subjuntivo (Knorre, Dorwick, Glass, and Villarreal 466–473).(or) (Knorre et al. 466–473).

   Use the same format (all four names or et al. format) in your list of works cited (or bibliography) at the end of your paper.

5. If your list of works cited has more than one author with the same last name, include each author's first initial in the parenthetical citation in your text (N. Guillén 42) or (J. Guillén 137). If the first initials are identical, spell out the entire first name of each author.

6. When you cite an <u>entire work</u> (either by the author's name alone or by author and title), no parenthetical reference is necessary because the reader will be able to find bibliographical information by looking up the author's name in your list of works cited.

   María de Jorge Isaacs se considera el prototipo de la novela romántica sentimental. (or) La obra maestra de Isaacs se considera el prototipo de la novela romántica sentimental.

7. If your list of works cited has two or more works by the same author, use a shortened version of the title in each citation.

   Darío emplea el símbolo del cisne tanto en sus primeros poemas modernistas (*Azul* 47) como en sus versos posteriores (*Cantos* 94).

8. If you cite two or more sources in the same citation, separate the information with semicolons.

   Algunos críticos mantienen lo contrario (Torres-Ríoseco 76; Loprete 49; Anderson-Imbert 118).

9. For electronic (or other non-print media such as film, television, recordings, etc.) sources, give enough information in the body of your text to enable the reader to locate the complete source in the list of works cited at the end of the paper.

   Manuel Danneman analiza la importancia de varios tipos humanos en la poesía folklórica de Chile.

BIBLIOGRAPHY

A "Works Cited" ("Obras citadas" if your paper is in Spanish) section at the very end of your paper is an alphabetized list of the sources you have referred to in the body of your essay or paper. If your instructor requires you to list everything you have read in preparing the paper, then you should title the list "Works Consulted" ("Obras consultadas").

Start the list on a separate page, and number each page consecutively, continuing the page numbers of the text. Center the heading "Works Cited" one inch from the top of the page, and do not underline it, italicize it, or enclose it in quotation marks. Double-space the entire list. Start each bibliographic entry flush with the left margin, and indent any subsequent lines one-half inch. The list must be alphabetized by authors' (or editors') last names. When a work has no author or editor, alphabetize the first word of the title (disregard *A, An,* or *The*).

The following guidelines will help you organize your "Works Cited" list.

Books

Each entry for a book must include three elements, each followed by a period:

- the author's name(s) (last name first)
- the title (and subtitle when one exists), italicized or underlined, and the edition if other than the first
- publication information: city (followed by a colon), a shortened form of the publisher's name, and the publication date

1. **Single author.**

   Alarcos Llorach, Emilio. *Fonología española.* Madrid: Gredos, 1950.
   Cervantes Saavedra, Miguel de. *Don Quijote de la Mancha.* 20th ed. Madrid: Espasa, 1959.
   Harris, Tracy. *Death of a Language: The History of Judeo-Spanish.* Newark: U of Delaware, 1994.
   Marín, Diego. *La civilización española.* New York: Holt, 1966.

2. **Two or more works by the same author.** List the author's name for the first work; for all subsequent works replace the author's name with three hyphens or a dash, followed by a period.

   Allende, Isabel. *La casa de los espíritus.* Barcelona: Plaza y Janés, 1982.
   ———. *Eva Luna.* Mexico City: Edivisión, 1988.
   ———. *El plan infinito.* Buenos Aires: Sudamericana, 1991.

3. **Two or three authors.**

   Chambers, J. and Peter Trudgill. *Dialectology.* Cambridge: Cambridge U P, 1980.
   González, Trinidad and Joseph Farrell. *Composición práctica.* 2^{d} ed. New York: Wiley, 1999.

4. **Four or more authors.** Either list all the authors' names or give the first author listed on the title page, followed by a comma and "et al." (*and others*).

   Knorre, Marty, Thalia Dorwick, William Glass, and Hildebrando Villarreal. *Puntos de partida.* 4th ed. New York: McGraw-Hill, 1993.
   (or)
   Knorre, Marty et al. *Puntos de partida.* 4th ed. New York: McGraw-Hill, 1993.

5. **Organization as author.**

   Modern Language Association. *MLA Handbook for Writers of Research Papers.* 4th ed. New York: MLA, 1995.

6. **Editor.**

   Osborne, Robert E., ed. *Cuentos del mundo hispánico.* New York, VanNostrand, 1957.

7. **Translation.**

   Cervantes Saavedra, Miguel de. *The Adventures of Don Quixote.* Trans. J. M. Cohen. Harmondsworth, Middlesex, England: Penguin, 1950.

Periodicals

Each entry for a periodical includes the following elements, each followed by a period:

- the author's name(s) (last name first)
- the title of the article, in quotation marks
- publication information: the periodical title (italicized or underlined), the volume and/or issue numbers (if any), the publication date (followed by a colon), and the page number(s) on which the article appears. If there is a volume or issue number, then the year appears in parentheses.

1. **Magazine articles.**

   Canel, Fausto. "Interés, polémica y cine sobre Frida Kahlo." *Más* septiembre-octubre 1991: 86.

   Sheppard, R. Z. "Life, liberty and lustiness: Mario Vargas Llosa." *Time* 29 June 1998: 74.

   Tarragó, Rafael. E. "El legado de la imprenta colonial." *Américas* noviembre-diciembre 1996: 22–27.

2. **Unsigned magazine article.**

   "El mambo, rey del ritmo." *Vanidades continental* noviembre 1992: 26.

3. **Scholarly journal articles.**

   Phillips, June K. "Practical Implications of Recent Research in Reading." *Foreign Language Annals* 17 (1984): 285–96.

   Terrell, T. "Trends in the Teaching of Grammar in Spanish Textbooks." *Hispania* 73 (1990): 201.

4. **Newspaper articles.**

   Murillo, Katiana. "Calor que empobrece." *La Nación* 10 septiembre 1992: B1.

   O'Connor, Anne-Marie. "Carlos Fuentes: The Sum of Unequal Parts." *Los Angeles Times* 24 October 1997: E1–2.

   Poniatowska, Elena. "*Las tierras prometidas* de Rosa Nissán." *La Jornada* 30 marzo 1997: 21–22.

Internet (World Wide Web) Sources

Because the use of Internet and other electronic sources is a relatively new phenomenon, definitive guidelines for documenting such sources have not yet been developed. However, the MLA's Web site suggests that sources accessed from the World Wide Web include all items from the following list that are available and relevant to your paper. A period should follow each item, except the date of access.

- *Author(s),* last name(s) first (or editor, translator, or compiler if applicable).
- *Title of the document or subject line of the posting,* in quotation marks. If the document is a book, give the title, underlined, instead of the document title; if it is part of a book, give both titles.
- *Publication information for any print version of the source.*
- *Title of the scholarly project, database, periodical, or Web site,* underlined. If the site has no title, include a description such as *Home page.*
- *Editor of the scholarly project or database,* in normal order, preceded by *Ed.*
- *Identifying number of the source.* Version number (if not part of the title) or (for a journal) the volume, issue, or other identifying number.
- *Most recent date of electronic publication or posting.*
- *Discussion list information.* The description *Online posting* and the name of the discussion list.
- *Page, paragraph, or section number(s).*
- *Name of organization (if any) sponsoring the site.*
- *Date of access.*
- *Address* (the URL), in angle brackets.

Example:

Danneman, Manuel. "Tipos humanos en la poesía folklórica chilena." Excerpta 1 (1996). Facultad de ciencias sociales, Universidad de Chile 30 junio 1998 ⟨http://www.uchile.cl/facultades/esociales/nuevo/excerpta/excerptO.htm⟩

Sample "Works Cited" Page

Works Cited
(or)
Obras citadas

Alarcos Llorach, Emilio. *Fonología española.* Madrid: Gredos, 1950.

Allende, Isabel. *La casa de los espíritus.* Barcelona: Plaza y Janés, 1982.

———. *Eva Luna.* Mexico City: Edivisión, 1988.

———. *El plan infinito.* Buenos Aires: Sudamericana, 1991.

Canel, Fausto. "Interés, polémica y cine sobre Frida Kahlo." *Más* septiembre-octubre 1991: 86.

Cervantes Saavedra, Miguel de. *The Adventures of Don Quixote.* Trans. J. M. Cohen. Harmondsworth, Middlesex, England: Penguin, 1950.

———. *Don Quijote de la Mancha.* 20th ed. Madrid: Espasa, 1959.

Danneman, Manuel. "Tipos humanos en la poesía folklórica chilena." Excerpta 1 (1996). Facultad de ciencias sociales, Universidad de Chile 30 junio 1998 ⟨http://www.uchile.cl/facultades/esociales/nuevo/excerpta/excerptO.htm⟩

González, Trinidad and Joseph Farrell. *Composición práctica.* 2d ed. New York: Wiley, 1999.

Knorre, Marty, Thalia Dorwick, William Glass, and Hildebrando Villarreal. *Puntos de partida.* 4th ed. New York: McGraw-Hill, 1993.

"El mambo, rey del ritmo." *Vanidades continental* noviembre 1992: 26.

Modern Language Association. *MLA Handbook for Writers of Research Papers.* 4th ed. New York: MLA, 1995.

Mujica, Bárbara. "The Life Force of Language." *Américas* noviembre-diciembre 1995: 36–43.

———. "Los hitos del modernismo." *Américas* marzo-abril 1992: 51–52.

O'Connor, Anne-Marie. "Carlos Fuentes: The Sum of Unequal Parts." *Los Angeles Times* 24 October 1997: E1–2.

Appendix F

► Correction Key

Key **Definition and Meaning**

AB *abreviatura*

—incorrect form of abbreviation

—inappropriate use of abbreviation

AP *adjetivo posesivo*

—incorrect use of a possessive adjective when the possessor is obvious (for example, with parts of the body or articles of clothing)

ART *artículo*

—incorrect form of article (definite or indefinite)

—use of article where it should be omitted

—omission of article where it should be used

C *concordancia*

—faulty noun-adjective agreement

—faulty subject-verb agreement

—faulty antecedent-demonstrative agreement

CJ *conjunción*

—incorrect or poor choice of conjunction

—omission of conjunction where one is required

DES *desarrollo*

—problem with or a lack of logical development in a paragraph or in a longer composition (letter, essay, etc.)

G *género*

—incorrect gender (noun, adjective, article, pronoun, demonstrative)

M *mayúscula / minúscula*

—improper capitalization

—improper use of lowercase letter

MC *modismo coloquial*

—an expression used in informal conversation but not appropriate in more formal writing

—incorrect use of idiomatic expression

O *ortografía*

—error in spelling or written accent

P *puntuación*

—incorrect punctuation or lack of punctuation

PC *pronombre complemento*

—incorrect object prounon (direct, indirect, reflexive, object of a preposition)

P/I *pretérito / imperfecto*

—incorrect use of one of these tenses

POS *posición*

—incorrect word position

PR *pronombre relativo*

—incorrect relative pronoun

—omission of relative pronoun

PS *pronombre sujeto*

—unnecessary or inappropriate use of subject pronoun

—omission of subject pronoun where it is needed

REP *repetición*

—excessive repetition of a word or phrase

S *subjuntivo*

—incorrect use of subjuntive

—failure to use subjunctive

S/E *ser / estar*

—one verb used incorrectly in place of the other

T *tiempo*

—incorrect choice of tense

—error in formation of tense

—incorrect sequence of tenses

TR *transición*

—problem in transition

—lack of transition within a sentence, between sentences, between paragraphs

V *verbosidad / verborragia*

—excessive wordiness, lack of conciseness

V/G *vago / general*

—vague, general

—lack of specific details or examples in paragraph or essay development

VOC *vocabulario*

—wrong word or poor choice of words

VP *voz pasiva*

—incorrect form of passive voice construction

—inappropriate use of passive voice

¶ *párrafo*

—problem in paragraphing (sequencing, change of topic, idea development)